市民力ライブラリー

協働が変える役所の仕事・自治の未来

市民が存分に力を発揮する社会

松下啓一●著

萌書房

〈市民力ライブラリー〉の刊行によせて

近年とみに、価値の流転が著しい。主権国家ですら、その存在意義が問われる時代にあって、政府と市民の関係も変容を免れない。豊かさの指標が、人の温かさや思いやりにまで広がってきたこととも関係するが、政府と市民の関係を二項対立的にとらえるだけでは、市民の豊かな暮しは創れない。対峙するだけでなく、ある時は協力、協調し、またある時は競争、競合するといった、重層的・複合的な関係性のなかでとらえていく必要があるだろう。これは市民にとって、自らの力が試されることでもある。こうした市民の力を発掘し、育むのが、〈市民力ライブラリー〉である。

市民力の同義語は、民主主義だと思う。私たちは、民主制社会に暮らしているが、アテネの昔から、この制度は扱いが難しい仕組みである。気を抜くとあっという間に崩壊し、人々を傷つけることになる。民主制が有効に機能するには、市民一人ひとりの自律性と、共同体の事柄を我がことのように思う貢献性が求められるが、民主主義のありようが問われている今日だからこそ、市民力を基軸に新しい社会を創っていこうではないか。

〈市民力ライブラリー〉と銘打ったのは、今後も継続するということである。市民にとって有用な知識や知恵を間断なく提供し続けたいと思う。それには、持続可能なシステムとたゆまぬ努力が必要になる。商業出版であることを意識し、その強みを活かしたと思う。

〈市民力ライブラリー〉であるから、論者は研究者にかぎらない。さまざまな市民力の書き手が現れることも期待している。

二〇〇九年五月

松下啓一

はじめに

「からすの鳴かない日はあっても、協働という言葉を聞かない日はない」というくらい、協働は、普通に使われる言葉になりました。たしかに人口減少で税収が大きく減り、高齢化でますますお金が必要になる中で、役所だけがサービスを提供し、税金だけに頼る暮らし方では限界がくることは明らかです。厳しい状況を乗り越え、幸せに暮らせる社会を次世代にバトンタッチするのが、今を暮らす私たちの役割ですが、こうした自治の未来を「協働」というパラダイムで解きほぐすのが本書のねらいです。

普通、協働というと、役所と市民が一緒に活動することと理解されています。たしかにそういう局面もありますが、協働は、もっと基本的、根源的な概念です。私は、役所、議会、市民（市民セクターを含む広い意味です。以下、特に断らないかぎり同じです）のそれぞれが、その持てる力を大いに発揮して、豊かな社会をつくっていくのが協働であると考えています。言い換えれば、協働は、行政・議会とともに市民も公共の担い手であるということになります。豊かな社会をつくっていく過程の中で、両者が一緒にやる場合もあるかもしれませんが、一緒にやるから協働ではなく、ともにいい社会をつくっていこうとしているから「協働」なのです。

私はこれをたとえて、「野球は九人でやろう」といっています。内野の六人（行政）だけの野球を止めて、外野にいた議員も参加し、観客席で野球を観戦していた市民もグラウンドに降りて、みんなで一緒に野球（まちづくり）をやろうというのです。それで試合に勝とう（住みよいまちをつくろう）と考えています。

協働の考え方については、前著の『市民協働の考え方・つくり方』（萌書房）に詳しく書きました。本書では、さらに一歩進めて、協働という考え方が、役所のあり方や自治の未来を大きく変えていくことを明らかにしようと思います。

二〇一三年三月

松下 啓一

協働が変える役所の仕事・自治の未来——市民が存分に力を発揮する社会——

＊目　次

個人情報保護制度と過剰反応／協働の観点から個人情報保護制度を見直す

協働が変える役所の仕事・自治の未来

――市民が存分に力を発揮する社会――

Ⅰ　協働とは何か、なぜ今協働なのか——自信を持って進めてほしい

1　協働とは何か——基本から考えてみよう

⑴協働はいつからあったのか

協働の英語訳は、コプロダクション（Co-Production）、コラボレーション（Collaboration）、パートナーシップ（Partnership）の三つがあるとされます。それぞれはどのように違うのかです。

●コプロダクション

一般に協働という言葉の起源は、Co-Production を日本語に訳したものであるとされています。

試みに、自治体の協働指針等を見ると、「〝協働〟という言葉は、一九七七年、アメリカの政治学者ヴィンセント・オストロムが、地域住民と自治体職員が協力して自治体政府の役割を果たしていくことを一語で表現するために造語した〝coproduction〟（co「共に」、production「生産」）を日本語に訳したものです」（日向市協働のまちづくり指針）などと書かれています。

このCo-productionを日本に紹介し、協働という言葉を当てはめた荒木昭次郎先生は、協働とは「地域住民と自治体職員とが、心を合わせ、力を合わせ、助け合って、地域住民の福祉の向上に有用であると自治体政府が住民の意志に基づいて判断した公共的性質をもつ財やサービスを生産し、供給していく活動の体系である」（『参加と協働——新しい市民・行政関係の創造——』ぎょうせい、一九九〇年、九ページ）とされています。

コプロダクションという概念の優れたところは、公共サービスを「生産し、供給していく」とした点で、要するに、力を合わせて新しいものをつくっていく点に比重が置かれているところです。

同時に、疑問も生まれてきます。地域住民と自治体職員とが、心を合わせ、力を合わせ、助け合っていくことには異論がありませんが、これが果たして協働の本質なのかという疑問です。もう少し言うと、両者が力を合わせるということは、自治体ができた当初からやってきたことで、今に始まったことではないからです。つまり、協働という概念をあえてつくった、もっと大事な原点が忘れられているのではないかという疑問です。

●コラボレーション

コラボレーション（Collaboration）とは、「自立した複数の主体がお互いに対等な関係で具体的な課題達成のために行う非制度的な協力関係」（岩切道雄「『行政とＮＰＯとの協働』に関する一考察」『日本大学大学院総合社会情報研究科紀要』第七号、二〇〇六年、三〇六ページ）とされています。単独では達成することができない問題の解決を関係者が協力しながら達成していくというものです。

コラボレーションは、ジャズのジャム・セッションをイメージすると理解が容易です。集まった演奏者たちは、その場で曲を決め、即興で演奏しますが、その演奏が全体としてよいものになるには、自らの演奏技術とともに、他のメンバーの演奏を聴き、それと響きあうかたちで、演奏するという協力関係が不可欠です。コラボレーションでは、個々の主体性と相互の信頼、協力が重要な要素となります。

茅野市のパートナーシップのまちづくり基本条例では、公民協働を定義して、「市民等と市が、それぞれの役割を認識し、目的達成に向けて一緒になって取り組むこと」としています。高根沢町のまちづくり共同推進計画では、「協働を簡潔にいうと、一緒に考え、一緒に汗をかいて（行動して）、結果や成果をいっしょに味うこと」（五ページ）としています。

同時に、疑問が生まれてきます。たしかに協力して行動することは大切で異論はありませんが、それが協働の本質なのかという疑問です。一緒にやらないけれども、まちをよくする活動も、公共的価値があるのではないかという疑問です。

コプロダクトやコラボレーションは、行政と市民が一緒に活動することに重点を置いた考え方です。「協働」という日本語は、この考え方にきわめてフィットします。

●パートナーシップ

これに対して、私は、協働とはパートナーシップであるという立場です。パートナーシップは、行政と市民との対等性・関係性を重視する考え方です。

パートナーシップは、夫婦を考えるとよく分かります。憲法二四条には、「婚姻は、両性の合意のみに基いて成立し、夫婦が同等の権利を有することを基本として、相互の協力により、維持されなければならない」と書いてあります。同等というのは、相手の尊重であり、自律であり、責任であり、そこから夫婦の信頼関係が生まれてきます。他方、憲法にわざわざ書いてあるということは、そう簡単には実現できないということです。たしかにそうです。だからこそ、お互いが努力することが大事なのです。

協働をパートナーシップととらえると、そこから、自治の新しい地平が開けてきます。自治は役所だけが担うものではないという当然のことが明確になってきます。同時に役所の仕事ぶりが大きく変わってきます。市民が公共を担えるようにバックアップしていくことも重要な仕事になってきます。

協働とはパートナーシップですが、その意味を私の協働体験から考えてみましょう。

(2) 私の協働体験から

●協働以前

私が横浜市役所に入ったのは一九七七年です。入った動機はやや不純ですが、これは今では時効です。

最初の勤務先は、金沢区役所で、その戸籍課に配属になりました。金沢区は、横浜市の最南部に位置し、かつては金沢八景といえば風光明媚なところでした（今では、八景島・シーパラダイスなどが知られています）。その金沢区で六年間、住民票を出す仕事を担当しました。戸籍課は、市役所の中でもとりわけ人間関係が濃密なところで、職員間で助け合い、協力し合う職場でした。

居心地が良くて、六年間も在職してしまいます。ちなみに戸籍課は、市民相手の仕事ですが、行政と市民の関係では、市民はサービスの客体という位置づけです。

その後、ひょんなことで係長になりました。総務局の特命係長です。二款一項八目諸費が私の予算費目で、この予算を使った面白い仕事をたくさんやりました。私の研究テーマは、政策や法務ですが、ここでの仕事が今日の財産になっています。政策づくりにまつわる面白い話は山ほどありますが、本書では残念ですが省略します。この総務局にも、結局、六年間いることになります。ちなみに、ここでは、市民と直接の接触はなく、市民は政策の客体でした。

この総務局で私は、大いなる誤解をすることになります。「私は、このまま出世する……」。横浜市の中枢である総務局で頑張ったのだから、次は課長補佐に昇進し、その後は……と思ったのでした。ところが世の中はそんなに甘くはありません。私は、係長のまま横滑りすることになります（左遷とも言います。このあたりのいきさつは、最も面白いところですが、これも省略です）。

異動した先は、公害対策局の騒音課です。工場や事務所の音がうるさいからと言って、注意をしに行く係です。現場の第一線への異動です。正直、私には意外な感がぬぐえず、こっそり、人事課の友人に聞いてみました。「なぜ、私が騒音課なのか」。彼曰く、「松下、お前、騒がしいからだよ」。「……」。

ただ、私は腐ることなく、騒音課で面白い仕事を見つけます。サウンドスケープです。騒音規制のように音をつぶすのではなく、いい音を残そうという事業です。逆転の発想です。このサウンドスケープに関連しても、面白いエピソードがたくさんありますが、これも協働とは直接関係しないので、別の機会とします。ちなみに騒音課における市民は、規制・取り締りの対象です。

そして、いよいよ、次に移ったのが、清掃事業を担当する環境事業局計画課です。ここで私は、横浜市が従来の焼却一辺倒のごみ処理行政から、減量・リサイクルに大きく舵を切るための仕事に立会います。減量・リサイクル条例づくりです。一九九二年のことですが、これが私と協働との初めての出会いとなります。

●協働との出会い

減量・リサイクル条例以前の横浜市は、ある意味、ごみの先進都市でした。ごみ収集員だけでも二五〇〇人もいたのです。処理能力一日一〇〇〇トンクラスの焼却工場が五つも六つもありました。ごみを毎日収集し、どんどん燃やすということが続けられていたのでした。

その結果、ごみがどんどんあふれてきます。集めれば集めるほど、ごみは増えてくるからです。そのうち焼却工場や埋立地が間に合わなくなってきます。折からの環境保護の動きも呼応して、今度は、ごみを減量化し、リサイクルするというやり方に大転換していこうということになりました。その基本条例づくりを私が担当することになったのです。

ごみを集めて燃やすという関係は、市民と行政との関係では、市民はごみを出す人、役所は片付ける人です。あくまでも一方向的で、役所が頑張ればよいという関係です。ところが、減量・リサイクルは、役所だけではできません。役所も頑張るが、市民が本気になって自分たちの問題としてごみを減らす、あるいはリサイクルしないと進まないのです。役所も当然、減量・リサイクルの主体ですが、同時に、市民も減量・リサイクルの主体です。

私はそのための条例をつくるのが仕事ですから、こういった関係を条例文に記述しなければいけません。ところが、そこで困ったのです。つまり、役所と同時に市民もごみを減らし、リサイクルする主体であることを表現する適切な用語が見つからなかったからです。これは最後の最後まで悩みました。しかし、結局、時間切れになって、「市民の協力」、「市民の主体的参加」、「行政との連携」などと書いたのを覚えています。ちょっと違うのではないかと思いましたが、タイムアウトで、その仕事を終えることになりました。

●パートナーシップまちづくり

環境事業局計画課では二年間、ごみの減量、リサイクルの企画・計画づくりを担当しました。

そのうち、減量・リサイクル条例で悩んだ「用語」のことは、すっかり忘れてしまいました。そして、一九九四年、今度は都市計画局の企画調査課へ異動となります。まちづくりの企画、計画の担当です。そこで、忘れていた減量・リサイクル条例のことを思い出すことになるのです。

それが「パートナーシップ」という言葉との出会いです。都市計画局に移ると、そこにはパートナーシップという言葉があふれていました。彼らは、すでに一九九一年から、「国際パートナーシップまちづくり事業」に取り組んでいました。同じ市役所にいて迂闊と言えば迂闊ですが、知らなかったのです。私は「しまった」と思ったことをはっきり覚えています。減量・リサイクルで、行政も頑張るが、市民もごみの減量・リサイクルの主体として努力するという関係は、まさにパートナーシップではないか。条例にはパートナーシップと書けばよかったと思ったのです。図らずも、一九九二年に取り組んだ減量・リサイクル条例のことを思い出しました。

●阪神・淡路大震災で再度思い出す

ところが、しばらくすると、また忘れてしまいます。そして、それを再び思い出すのが、一九九五年一月の阪神・淡路大震災です。五〇〇〇人の市民が亡くなった未曾有の大災害です。

地震が起こって、すぐに私は神戸へ行こうと決心しました。神戸の市役所へ連絡すると、「来なくていい」と言われてしまいましたが、横浜の将来を担う若手職員には、神戸の街を見てもらわなければだめだと思ったからです。

そこで、地震発生から一〇日ほどして、若手係長七～八人を連れて神戸に行きました。全員が技術屋さんで、彼らは、崩壊した建物や道路を見て、大いに学んだようでした。私は、事務屋で彼らを連れて行くのが仕事です。では、その神戸で、私は何を見ていたか。私は市民を見ていたのです。廃墟と化した神戸の街で、言葉は悪いのですが、生き生きと働いているボランティアの人たち、自治会・町内会の人たちを見ていたのです。私は、ショックを受けました。当時の神戸市の都市計画局は、建物が壊れて図面も出せないくらいでした。行政が機能不全に陥っているなか、そのまちで、市民の人たちが、実に生き生きと救援活動をやっているのです。それまで、まちは私たちがつくっていると自負していましたが、実は、自治会・町内会、NPOといった市民もまちをつくっているという、当たり前のことですが、それを目の当たりにしたのでした。そして、その時、忘れていた一九九二年の減量・リサイクル条例のことを思い出します。パートナーシップです。

●市民活動支援研究会――名称が違う

同じような問題意識は、多くの自治体職員も持ったようでした。その年の夏くらいから、阪神・淡路大震災における市民活動に触発されて、東京で勉強会が開かれます。市民活動支援研究会です。私も参加して、勉強をすることになりました。

実は、その時、私は違和感を持ったことがあります。それは「市民活動支援研究会」という名称です。この名称から想定されるのは、市民活動を行政が支援するという、いわば上から目線で一方向の関係です。しかし、私が、神戸の街で見たのは、そうではなく、行政とは別に、市民が公共主体として、まちづくりを行うという関係です。おそらくその当時、役所には市民活動支援という発想（言葉）しかなかったのだと思います。それで市民活動支援研究会になったのです。私は、少し違うなと思ったのですが、内容がとても面白かったので、続けて参加しました。

そして翌年、この研究会の人たちが、助成金をもらうために、会の名称を考え直します。そのときに「協働」という名前をつけて助成金を申請しました。それが、私にとっての「協働」という言葉の初体験です。皆さんはいつごろ「協働」に出会いましたか。私は一九九六年に初めて協働に出会ったのでした。

その後、この言葉が瞬く間に広がります。そして、今日では協働を聞かないことがないほどに広がりました。

●もう忘れない――本を書く

この協働というネーミングは、とてもインパクトがあり、あっという間に自治体にも広がります。私自身では、一九九八年に、出版社ぎょうせいから、『自治体NPO政策・協働と支援の基本ルール』という本を書きましたが、ここにも協働という言葉が出ています。もうこの頃にはかなり広く使われていたのだと思います。

この本についてはいろいろ思い出があります。私が初めて書いた本がこの本です。一九九五年に阪神・淡路大震災でパートナーシップを目の当たりに見て、今度は忘れまい、さらには多くの人に伝えなければと考え、無謀にも、本を書こうと思い立ったのでした。それまで本など書いたことは当然、ありません。むろん本の出し方も知りません。それでも書かねばと思ったのです。

本を出してみると、予想外のことが起こります。まず多くの人に受け入れられて版を重ねました。初めて印税をもらいました。さらに意外なことに、この本が韓国で翻訳されたのです。ある時、韓国から電話がかかってきました。「先生、韓国に来て講演してください」というのです。この分野では、ほとんど初めての本なので、韓国の人は、どうも私のことを偉い先生と誤解したようでした。でも結局、私は韓国には行きませんでした。なぜならばもし私が韓国に行くと、韓国の人に、私が偉くないことが分かってしまうからです。国益を害すると考えたので、講演は遠慮させていただきました。

●水道局での協働

私の最後の職場は、横浜市水道局の経営企画です。水道局は公営企業で、水を売るのが商売です。そんな企業のようなところには協働はないと思っていましたが、実は、ここにも協働があるのです。

横浜市では、山梨県の道志村に水源林を持っていますが、実は、この水源林の保全活動をしている市民の人たちがいるのです。私は会ったことはありませんし、私たちと一緒活動するわけではありません。いわば勝手に水源林を守っている人たちです。

でも、水源林を保全するということは公共全体にとってはありがたいことです。そうした活動を応援するために、適切な情報を出し、温かいまなざしで見守るのも協働と言えるでしょう。時と場所を同じくはしないけれども、公共目的のために活動している人たちを陰ながら応援するのも協働です。このように考えると、協働というのはどこにでもあり、どのセクションにもあることなのです。

(3) 参加・参画との違いから

●参加と参画の違い

参加・参画との違いを考えると協働の意味が明確になります。

まず、参加と参画は違うとされています。一般的には、すでに決まったことに加わっていくのが参加です。ここでは加わるといっても形式的です。他方、初めから一緒にやっていくのが参画です。企画段階、計画段階から、実質的に加わっていくのが参画になります。

私自身は、正直なところ、なぜ参加が形式的で参画が実質的なのか、その理由はよく分かりません。参画の画が、企画、計画に通じると言われますが、むしろ「画」は画すること、つまり線を引いて仕切るという意味もあり、排除に通じるので、果たして思いを適切に表現した言葉なのか疑問もあります。

でも、ここで大事なのは、これまでの形式的な参加を乗り越えようという思いを参画という言葉に託したという点でしょう。その思いを引き継いで、できるだけ最初の段階から、市民と一緒に考えていくことが大事だということです。

●参加・参画と協働との違い

さて、協働です。参加・参画と協働との違いはどこにあるのかです。もし、役所がやることに

図1　参加・参画と協働

――概念をつくるのには訳があるはずだ――

＊イニシアティブは誰が…。

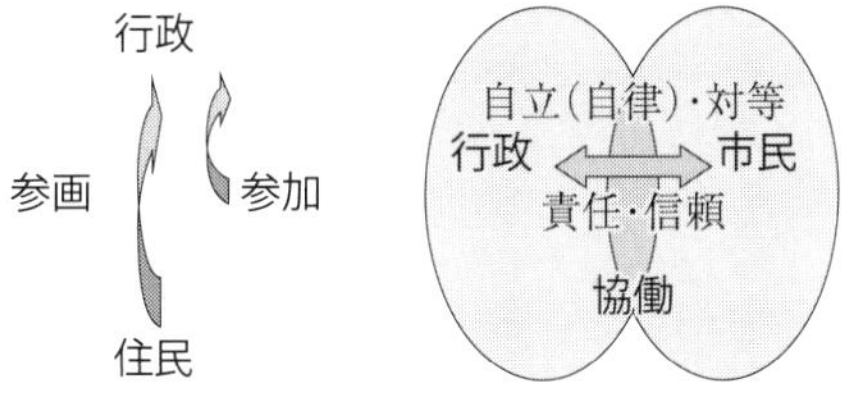

住民も参加して、一緒に汗を流すことが協働だとしたら、それは参加・参画です。あえて協働という言葉を使う意味がありません。協働という概念をつくるからには、参加・参画とは違う特別な意味があるはずです。

まず、生まれが違います。

参加（参画）は、国民国家ができて以来の理論です。一七八九年のフランス革命以降、二〇〇年以上の歴史がある概念です。政府を自分たちの政府にするために、国民の参加権が保障されます。地方自治についても、国家の理論を地方に当てはめて、住民自治とは、市民が自治体政府をコントロールすることとされますが、参加は、政府を市民のものとするための基本的権利となります。

これに対して、協働は、一九九〇年代に入って生まれた概念です。公共の担い手は、政府だけでなく、市民も公共の担い手であるという考え方です。

また参加（参画）と協働は、実際に局面では、だれがイニシアティブを取るかで分かれてきます。参加・参画は、行政がイニシアティブを取って、そこに市民が加わっていきますが、このうち形式的に加わるのが参加で、それに対して、最初から実質的に加わるのが参画です。もちろんその逆に、市民がイニシアティブを取って、そこに行政が加わっていくこともありますが、もともとは行政がイニシアティブを取って、そこに市民が加わっていくという考え方です。行政がイニシアティブを取ることから、参加（参画）には、上下関係が付きまといます。

これに対して、協働は、行政もイニシアティブを取り、市民もイニシアティブを取るという関係です。つまり両者が公共の主体だということです。先に述べた減量・リサイクル条例を思い出してください。減量・リサイクルは役所も当事者ですが市民も当事者です。阪神・淡路大震災では、行政ももちろん頑張るが、市民もさまざまな活動でまちを支えました。これが私が体験し、見てきた協働です。そこにあるのは、行政とともに市民も公共の主体としてまちをつくっていくという関係です。その点に注目するのが協働です。

●協働という用語は正しかったのか

ところが、協働という言葉を使うことで、協働の意味が変化してきます。言葉が独り歩きしてしまったのです。

図２　豊田市の共働によるまちづくり

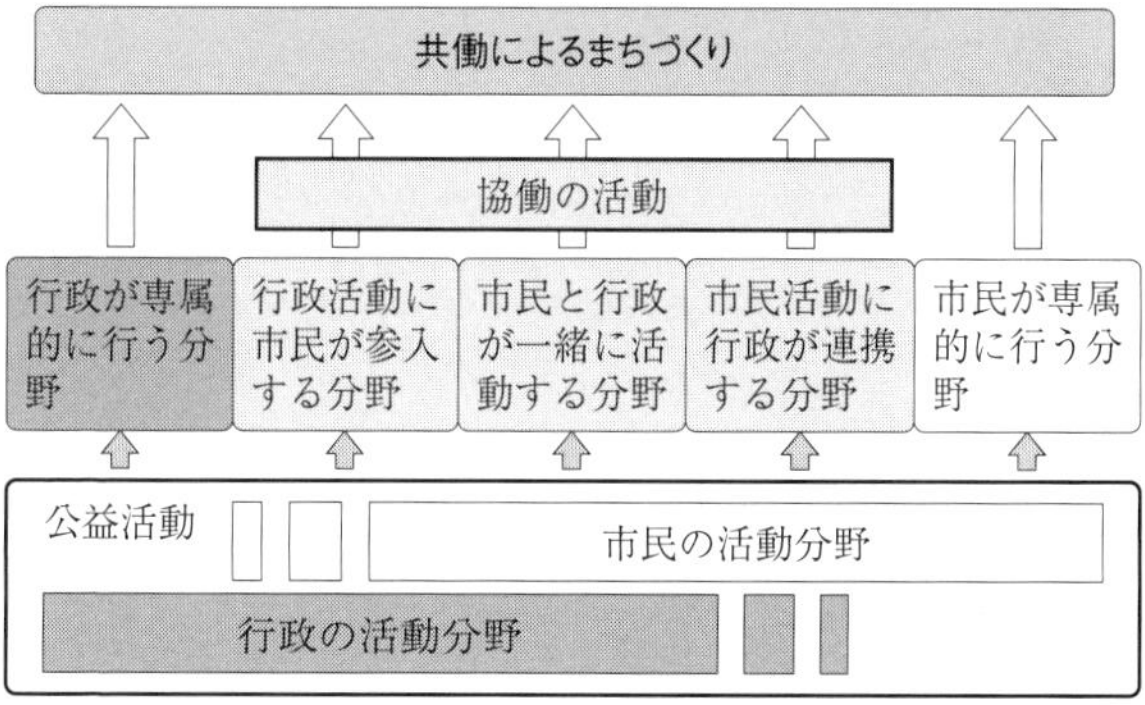

協働というと言葉からは、協力して働く、つまり一緒に汗を流すことをイメージします。たしかにそれも重要ですが、そもそも協働で言わんとしたのは、役所とともに市民も公共を担うということです。役所と市民が両輪となって、まちを豊かにしていくことが協働の目指すところです。ともに公共のために活動するから協働です。時には一緒に汗をかくこともあるかもしれませんが、それは協働の本質ではありません。

　このように考えると、協働という用語は正しかったのかという疑問が出てきます。協働という言葉のインパクトは大きく、どうしても一緒に協力して働くことをイメージしてしまうからです。

　そんな問題意識から、二〇〇〇年ころには、私は「共働」という言葉を使っていました。共に公共のために働くから共働です。しかし、「共働」と書いて原稿を出しても、校正で「協働」に直されてしまうのです。それだけ協働はインパクトがある言葉ですが、結局、多勢に無勢と考えて、最近ではまた協働という言葉を使うようになりました。なお、今日でも頑固に共働を使っている自治体があります。愛知県豊田市です。図のように、一緒に汗を流さない活動も共働という位置づけです。

●協働の定義そして協働政策

以上から、協働の概念は次のように整理できると思います。

協働概念の核となるのは、「行政とともに市民も公共を担っている」ということです。繰り返しになりますが、ここでの市民は、自治会・町内会、ＮＰＯ等の市民セクターを含む広い意味です。協働はその市民と行政とが、同じ公共主体として、いわば車の両輪のように、まちをつくっていくものです。行政と市民とは、同じ公共の主体として、一緒に汗を流すこともありますが、一緒に汗は流さないが、公共の担い手として活動すること（一緒にやらない協働）も大切です。両者を含めて協働です。

協働の目標は、自治の実現です。自治とは、市民が相互に連携・協力して、市民や地域が抱える課題を解決して、市民一人ひとりが幸せに暮らせる社会を実現することです。協働は自治をつくるパラダイムと言えるでしょう。

つまり、協働とは、行政と同時に市民も公共主体として、市民一人ひとりが幸せに暮らせるまちをつくることと定義することができると思います。

そして、市民が公共の主体と言えるためには、市民自身が自立（自律）していることが前提です。公共主体としての責任も求められます（市民の公共性）。行政と市民は、ともに公共主体として対等で、それゆえ両者の信頼関係が重要ということになります。

自治体の協働政策とは、公共の担い手としての市民（特に市民セクター）を対象に、その自立性を高めるための施策の体系です。それには、補助、委託、後援等の直接的な支援策のほか、情報、場所、機会の提供などの条件整備、さらには、行政側の困難だけれども断固やりぬく姿勢、市民にやらせるだけやらせて逃げない姿勢、温かいまなざしなどといったソフトで間接的な支援策も含まれます。

2　協働の内容

(1) 協働の背景――なぜ今、協働なのか

協働は、行政のこれまでの発想や行動に大きな転換を迫ります。また協働を具体的に実践する

図３　地方分権で変わること

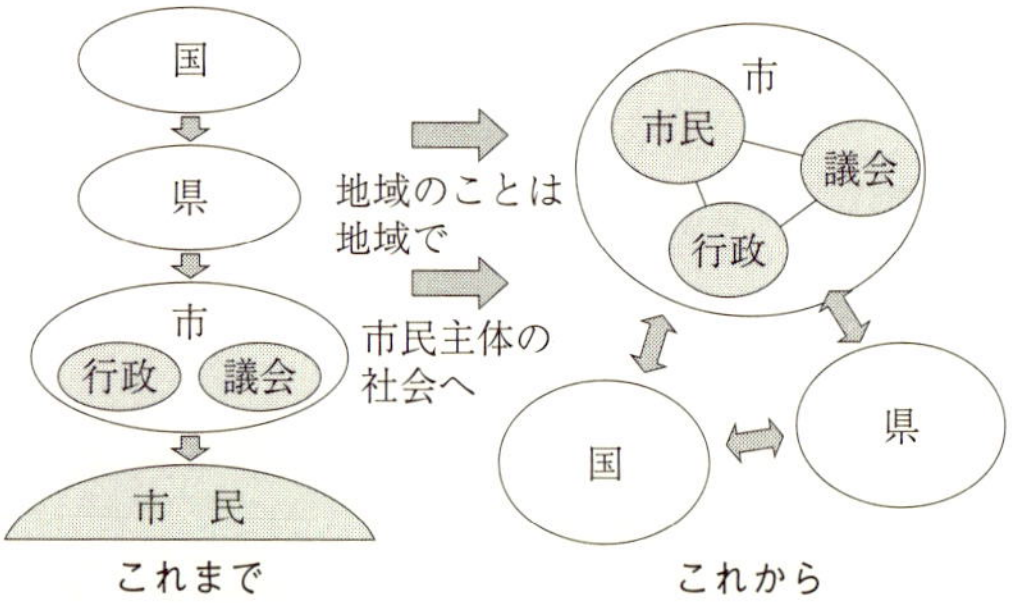

ことが必要ですが、これは容易なことではありません。これを成し遂げるには、なぜ協働なのか、つまり行政と同時に市民が公共を担うことの重要性をきちんと理解し、協働をやるしかないと思うことが必要です。ここでは協働の背景から考えてみましょう。

●地方分権の重み

協働が注目される背景・理由の第一は、地方分権です。地方分権は、もう言い古されたと感じる人もいるかもしれませんが、実は、地方分権は、生やさしいことではないのです。地方分権というのは、明治以来続いてきた日本の仕組みを根本からひっくり返す新しい挑戦なのです。

地方分権以前は、国が考え、県に指示し、市がその指示を具体化するという関係でした。ここでは市民はサービスの客体です。全国的な規模で、社会資本を整備し、生活基盤を安定させるには有効な方式で、この縦型のシステムが、今日の私たちの豊かさをつくってきたという点は過小評価すべきではありません。

ところが、物質的な豊かさが確保されると、今度は、もう一つの価値、つまり人々のやさしさやふれ合い、助け合い、安心、そういうものが重要で、こうしたソフトがあって、初めて幸せを実感できるようになりました。言うまでもなく、こうした価値は国では実現できません。自治体の役割が重要になります。ただ、これは市役所だけで実現できるものではありません。地域の市民の役割が重要になります。地域のことは、その地域で知恵を出しながら、暮らしやすいまちを実現していくしかないのです。地方分権になって、公共の担い手は、役所だけではなく、市民も公共の担い手であること、つまり協働の重要性がますます明確になってきます。地方分権の推進が、最近になって協働が言われるようになった背景の一つです。

●人口減少社会の到来

なぜ、行政とともに市民が公共を担うのか、つまり協働を言い出す背景の第二が、人口減少、少子高齢化社会の到来という現実です。

日本の人口は、二〇一〇年には、一億二八〇六万人でした。その後、減少に転じて、二〇六〇年には八六七四万人になると予想されています。四〇〇〇万人以上の人が日本からいなくなるのです。日本の人口が三分の二になるということは、自治経営で言えば、税収が三分の二になると

図４　人口減少・少子高齢化の動向

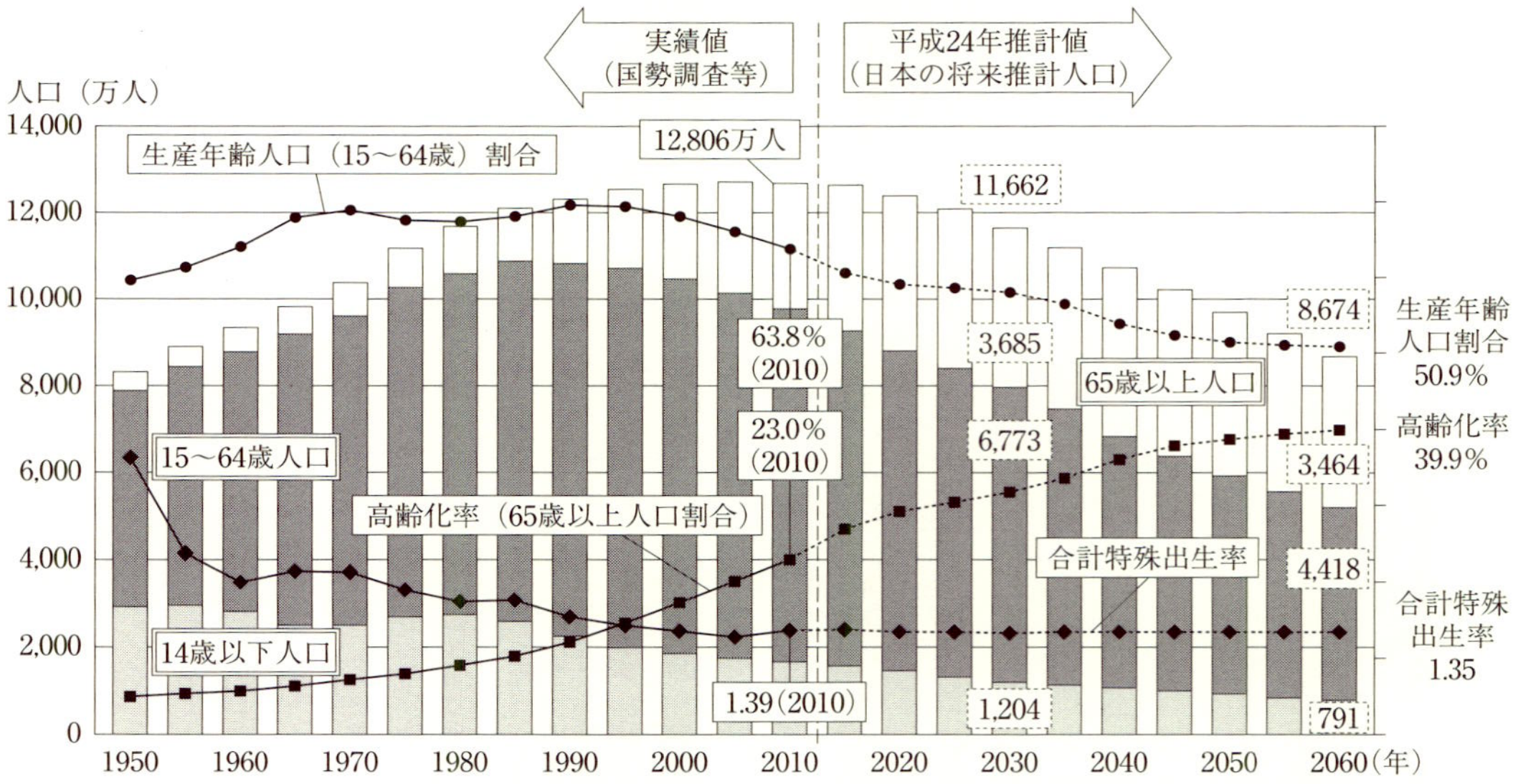

（出所）　総務省「国勢調査」及び「人口推計」，国立社会保障・人口問題研究所「日本の将来推計人口（平成24年１月推計）：出生中位・死亡中位推計」（各年10月１日現在人口），厚生労働省「人口動態統計」。

いうことです。分かりやすく言うと、三〇万円の給料をもらっている人が二〇万円に減り、それでこれまでの暮らしを維持していかなければいけないということです。

収入が減っても、その分、支出を減らせばいいのではないかと考えますが、そうは簡単にはいきません。高齢化の問題です。六五歳以上の高齢者が四〇％になります。高齢化というのは、ますます社会保障費が必要になってくるということです。簡単に言うと、給料は三分の二に減り、他方、じいちゃん、ばあちゃんの病院代や小遣いがかさむということが起こってきます。

実は、それだけではありません。これから公共建築物等が建て替え時期に入ってきます。三〇万円の給料が二〇万円に減って、さらには家まで直すということになるわけです。

こうした難局をどのように乗り越えるのか。その答えを出して、早い段階から対応策を講じていくのが私たちの責任です。いろいろな考え方が可能ですが、私は、行政は行政でなければできないことをやり、他方、市民の得意分野は、市民がその力を大いに発揮していく、つまり協働を着実にやっていくことが、今後やってくる厳しい試練を乗り越える唯一の方法だと考えています。

●私たちの強み

実は、私たちの社会は、もともと協働型社会で、市民が公共を担っている社会です。それを国民負担率から見てみましょう。

図５　国民負担率の国際比較（OECD加盟29カ国）

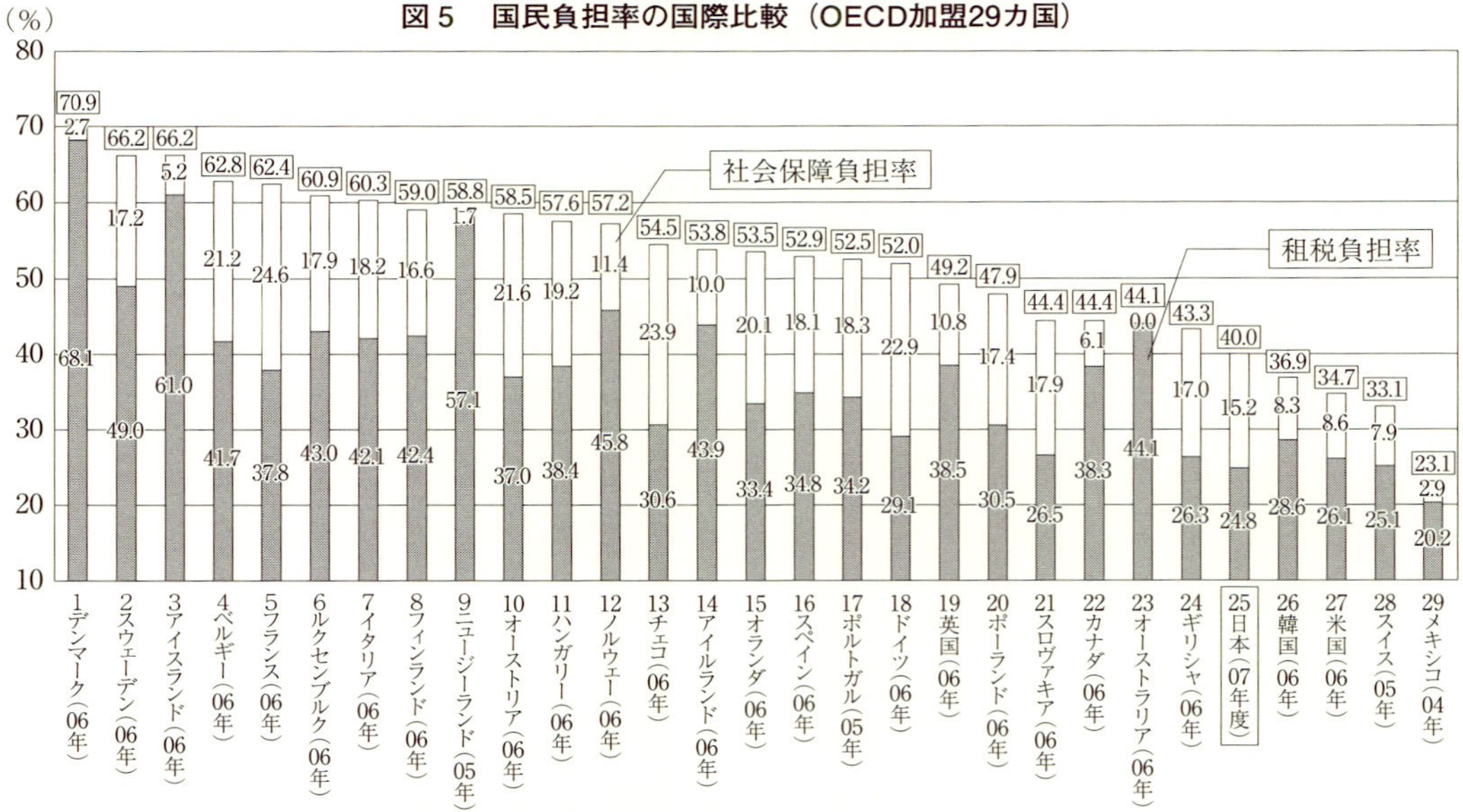

（注）　OECD加盟29カ国の最新の実績値。トルコについては，計数が足りず，国民負担率が算出不能であるため掲載していない。
（出所）　日本：内閣府「国民経済計算」等。諸外国：National Accounts 2008（OECD），Revenue Statistics（OECD）。

国民負担率とは、簡単に言えば、給与の中で税金や社会保障費といった公的な負担をどれだけ負っているかという比率です。ＯＥＣＤ諸国の中で、日本は下から五番目の位置にあります。つまり、私たちの国は公的な負担の少ない国ということです。他方、国民負担率が高いのは、北欧の諸国です。デンマークは、国民負担率が七〇％を超えています。給料の七割は税金で引かれてしまいますが、それで高い福祉サービスを実現します。

日本の国民負担率は低いのですが、では、日本は低福祉の国なのかというと、そうではありません。例えば平均寿命です。日本は男女とも世界でナンバー１、２を争う長寿国です。長生きというのは、福祉の総合力で決まります。医療や福祉、住宅、所得、文化など、さまざまなものが重なり合って初めて長生きができるのです。その意味で、私たちの国は、事実上の高福祉の国だと思います。私たちは公的な負担は少ないけれども事実上高い福祉を享受しているのです。

問題は、低い公的負担と高い福祉とのギャップを埋めているものは何なのかです。いくつかの理由がありますが、その一つは、自治会・町内会等の地縁組織やボランティア・ＮＰＯが、このギャップを埋めています。私たちの社会は、市民自らが行う自助と役所が行う公助との間の領域、つまり共助領域が、きわめて広く深い社会です。私たちは、この共助社会というメリットを活かしながら、自治（まちづくり）を進めていくべきだと思います。

(2)協働＝みんなの力をエネルギーにする

●協働の目標

繰り返しになりますが、協働の目標を再確認しておきます。

協働とは、行政とともに市民が公共を担っていくことを意味します。それぞれが、存分に力を発揮して、市民が幸せに暮らせる社会をつくっていくものです。

① 協働とは、税金による公共サービスの提供だけでなく、市民の経験や知恵・知識、行動力によって公共サービスを担っていくということです。その両輪を回しながら、自治（まち）をつくっていきます。もし税金だけに頼るシステムにこだわると、人口減少時代にあって縮小再生産で、負のスパイラルに落ち込むばかりです。

② 市民は、もう一つの公共の担い手です。ここで言う市民は、広い概念で、個々の自然人市民のほか、法人、さらには自治会や町内会等の地域コミュニティ、ＮＰＯやボランティア団体などのテーマコミュニティ等の市民セクターも含まれます。協働というとすぐにＮＰＯを連想しますが、公共の担い手という点では、むしろ地域コミュニティが重要な役割を果たします。さまざまな市民が、その力を存分に発揮することで、市民や地域を豊かにしていきます。

③　市民が存分に力を発揮すると言っても、行政や議会は、何もしなくてよいということにはなりません。人口減少＝税収減少時代にあって、これまで以上に限られた税金を効率的に使うという視点で行政や議会を見直すことが求められます。同時に、市民がその力を存分に発揮できるように制度や仕組みを用意していくのも重要な役割となってきます。

④　自治体職員は、こうしたパワーを掘り起こし、あるいは点火し、パワーをまちづくりのエネルギーに転換するのが役割です。こうしたエネルギーを束ねて、大きな力にしていくのが役所の仕事です。

⑤　協働は、市民や地域を豊かにするのが目標です。行政と市民が一緒に汗を流すこともありますが、それは一つの手法であり、目的ではありません。市民、行政、議会のそれぞれが力を出し合っていくことで、まちを豊かにしていこうというのが協働です。

●協働の理論

協働の理論的バックボーンが、新しい公共論です。新しい公共論とは、旧来の政府による公共だけでなく、市民も公共の担い手という考え方です。行政だけでなく、自治体・町内会やＮＰＯなどの多元的な公共主体による多様な決定、サービス提供によって、豊かな社会を実現していこうというものです。

図６　協働の理論——新しい公共論

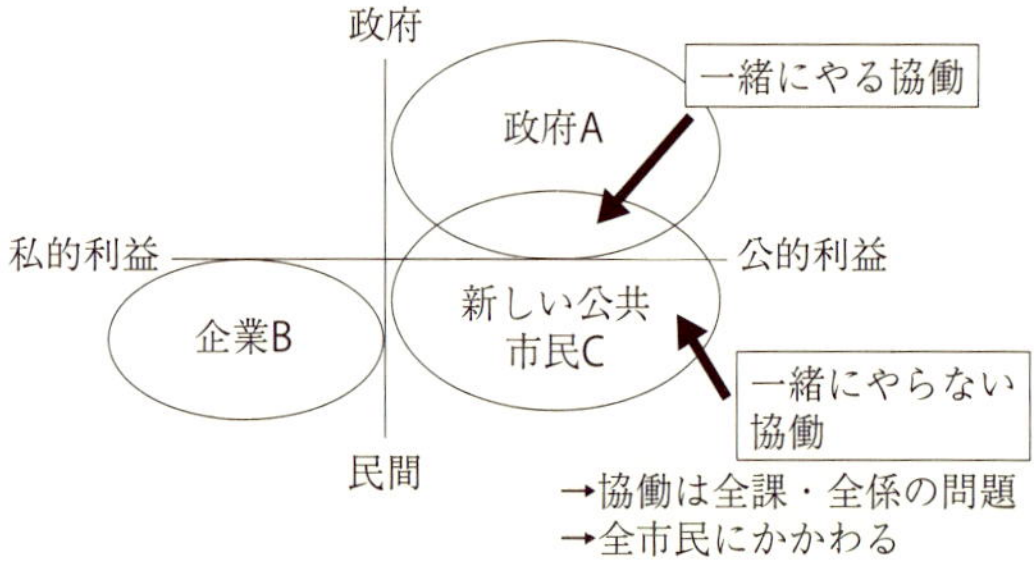

もう一度、減量・リサイクル条例や阪神・淡路大震災で私が見たものを思い出してください。政府（Ａ）は公共を担っていますが、市民、企業、自治会・町内会、ＮＰＯ等の市民（Ｃ）も公共を担っています（図６）。つまり、Ａも公共であるが、Ｃも公共ということです。Ａ、Ｃを含めて公共と考えるのが新しい公共論です。

協働は、新しい公共の考え方に立つと理解が容易です。行政と市民が、同じ公共主体として対等の関係でいるから協働です。これは「公共セクター間関係」とも言うべき関係です。

●市民の公共性

公共主体としての行政は、公的な責任を負います。その性質の根源は、主権者である市民からの信託を受けたという点で、責任の内容は、市民に対する説明責任等です。

これに対して、公共の担い手としての市民も、一定の公

図7　コミュニティの分類

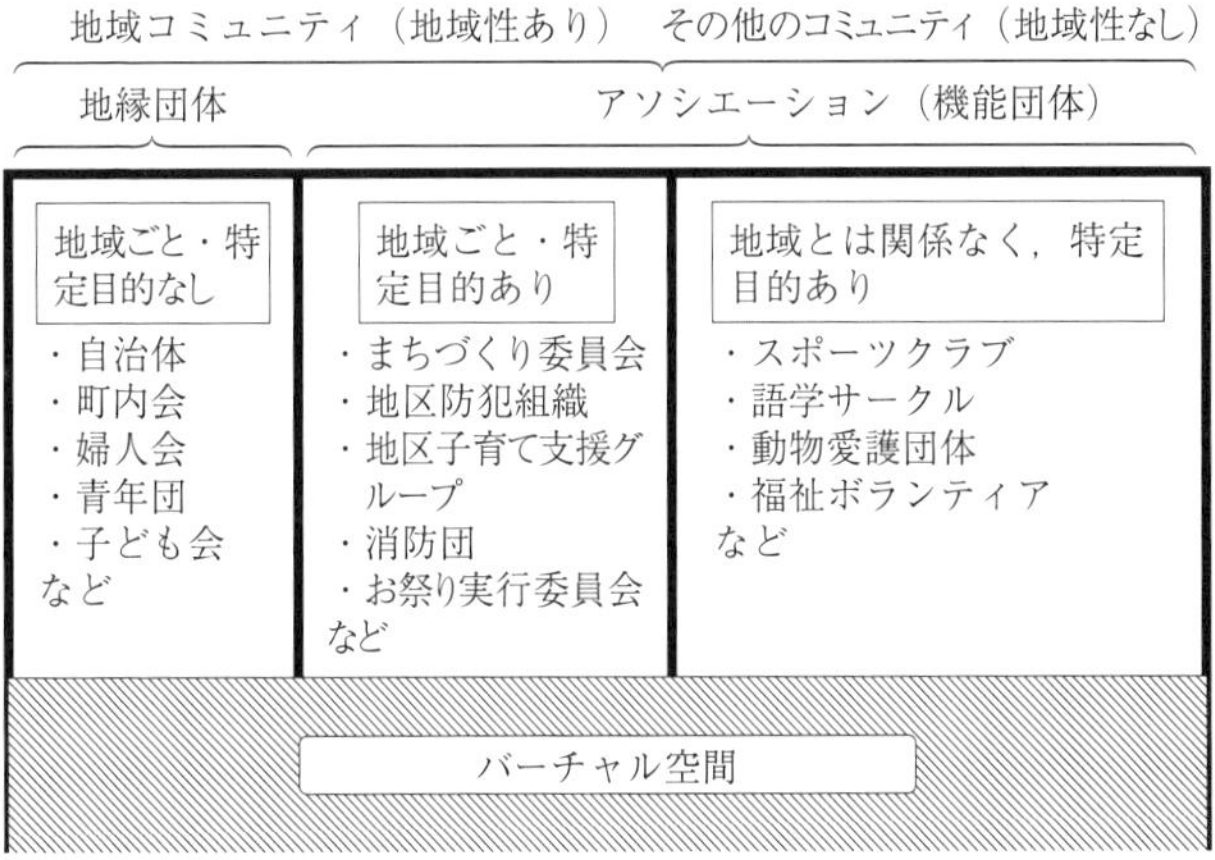

（出所）　www.soumu.go.jp/main_sosiki/kenkyu

共的な責務を負います。具体的には、社会貢献性のほか、一定の情報公開や説明責任が問われますが、とりわけ補助金などの形で税金による支援を受けた場合は、行政と同様の情報公開や説明責任を果たすべきです。私は、これを新しい公共の公共化と呼んでいます。

　なお、この責任の性質は、行政とは異なります。なぜならば、市民は、主権者から信託を受けていないからです。その性質は、公共主体としての社会的責任の一種と考えてよいと思います。

●協働の主体

　公共のもう一つの担い手は市民です。ここの市民は、広い概念で、自然人市民のほか、法人も含まれます。また、自治会や町内会等の地域コミュニティ、ＮＰＯ、ボランティア団体などのテーマコミュニティが含まれます。

なお、市民が協働の担い手であることには異論があります。行政は主権者である市民（主権者市民）の言うことを聞いていればよく、その市民と行政とが協働することはありえないという意見です。

しかし、市民は主権者であると同時に公共活動の主体という二面性があります（公共主体市民）。たしかに主権者市民という面では、市民は行政をコントロールする立場なので協働はないかもしれませんが、公共の担い手という面では、市民は同じ公共主体としての行政との協働が可能です。実際に自治会や町内会、保護司や民生委員、その他、名称はさまざまですが、たくさんの市民が公共を担っています。

協働というとＮＰＯを連想しますが、日本の多くの地域では、むしろ地域コミュニティのほうが重要な役割を果たしています。地域コミュニティは、行政の下請けとして、行政の意向を忠実に実行する組織という側面がイメージされますが、新しい公共論の立場では、地域の公共主体として、地域課題解決のための政策を企画・立案し、地域福祉の実現に主体的に取り組む組織に位置づけられます。

●協働とアウトソーシングとの違い

協働は、アウトソーシングとは違います。協働は、行政と市民という公共の主体が、それぞれのパワーを発揮しながら、市民や地域を豊かにすることですが、アウトソーシングは、行政がその事務の一部をＮＰＯ等の民間に委ねるものです。アウトソーシングにおいては、ＮＰＯ等の民間は、あくまでも行政の手足としての機能で、依然として行政が実施するという構造は変わりません。すでに見たように、役所だけでやっていてはジリ貧になるというのが協働を考える際の問題意識でした。税金による公共活動と同時に市民の経験、知識・知恵、行動力による公共活動によってまちをつくっていくというのが協働です。両者を明確に区別する必要があります。

もちろん、行政が無駄を省き、その体質を筋肉質に変えるのは大事なことで、日々、努力を重ねる必要があります。アウトソーシングも、役所のパワーをつけ、筋肉質にするための有効な方法ですが、地域にパワーがつくとか、地域が元気になるというものではありません。

協働の形式として、委託がありますが、つまり委託には二種類あるということになります。アウトソーシングは、行政を身軽にするための委託です。他方、協働は、市民がパワーをつけるための委託です。結局、誰が元気になるかがメルクマールになってきます。

●協働とNPMとの違い

ニュー・パブリック・マネジメント（New Public Management：新公共経営あるいは新公共管理）は、民間企業のマネジメント手法を公的部門に導入して、公的部門の効率化、活性化を図るという手法です。NPMのモデルとなったのがイギリスで、財政赤字、インフレ、高失業率といった、いわゆる英国病の克服するために導入されたといういきさつから、NPMは、政府部門の縮小、競争原理の導入、規制緩和・自由化等という、やや歪んだ形になって展開されました。ニュージーランドなどで先駆的に取り組まれましたが、その多くは失敗したとされ、今日では今は、少々、時代遅れになりつつありますが、日本の自治体の中では依然として、人気が高い手法です。

さて、NPMは、四つの内容に集約できます。

第一が、顧客主義への転換です。つまり住民を公共サービスの顧客と見るという発想への転換です。

第二が、業績・成果による統制です。今まではプロセス重視で、決めていく過程を大事にしていましたが、目標を決めて、その結果に向かって一定の成果を出すことが大事だという考え方です。

表1　各公共主体の強み

市民活動団体	○専門分野の知識が豊富である。 ○現場をよく知っている。 ○小回りが利き，臨機応変に対応ができる。 ○公平性・公正にとらわれず，ターゲットを絞るなど，自由度が高く，柔軟な対応ができる。 ○横のつながりがあり，ネットワークを活かせる。
地域団体	○地域のことをよく知っている。 ○お互いの顔が見えるような人間関係がある。 ○地域に対する愛着がある。 ○団結や協力・連携，物事に一斉に取り組みやすい。 ○口コミによる伝達力がある。 ○会合や活動の拠点施設がある。
行　　政	○優秀な人材がそろっている。 ○公共機関としての信頼感がある。 ○全体を見渡しながら公平，平等に判断する。 ○権限，財源がある。 ○一定の継続性が担保されている。 ○用具や機材等の物品や広報手段が豊富である。

第三が、ヒエラルキーの簡素化、組織のフラット化です。ヒエラルキーを減らして、組織を簡単なものにしていき、現場に指揮権を与えるということです。

第四が、市場メカニズムの活用です。委託、独立行政法人、ＰＦＩ（Private Finance Initiative：公共施設等の建設・維持管理）といった民間手法を使っていくものです。

ＮＰＭも、職員と組織を元気にさせて、その人たちの持っているアイデアとか力を出していこうという点では協働と共通性があります。

協働との違いは、ＮＰＭは、今ま

では公共サービスの受け手、客体にしかすぎなかった市民を顧客に見立てて尊重していく発想ですが、協働は、市民を顧客にとどまらず、公共の主体と位置づける考え方です。

協働では、結果も大事ですが、プロセスも大切にします。また、NPMでは、経済的誘因が大きなウェートを占めますが、協働では、心理的誘因（満足や生きがいなど）、社会的誘因（名誉・名声など）も重視します。

●野球は九人でやろう

協働を分かりやすくいうと、「野球は九人でやろう」ということになります。これまで野球（自治・まちづくり）は、役所と議員だけでやっていました。市民は観客席にいて、野球を見ていたのです。そうではなくて、グラウンドに降りて一緒にやろうということです。そうしなければ、ますます税金が減り、少子高齢化が進む中で、まちは元気にならないからです。共通の目標は、野球に勝つ（すみよいまちをつくる）ことです。

むろん、そのほか、よい方法があればそれを採用すればよいのです。しかし、そう簡単には見つからないと思います。みんなの持てる力、九人の力を発揮していくしかないのではないかと私は考えています。

野球の九人が、それぞれの強みを活かして存分に力を発揮するには、やるべきことが山ほどあります。市民も行動を変えていきますが、行政や議員は、これまでの仕事ぶりを変えていかなければいけません。簡単ではないのは承知です。簡単ではないけれども、変えていくしかないと思います。それが協働というものです。

(3) 協働の形態

● 一緒にやる協働、一緒にやらない協働

新しい公共論で考えると、公共の担い手は、行政と市民の両方で、ともに公共を担っているから協働ということになります。そこから、協働には、一緒にやる協働と一緒にやらない協働が出てきます（詳細は、前著『市民協働の考え方・つくり方』（萌書房）をお読みください）。

このうち、一緒にやる協働は、行政が担う公共と市民が担う公共が重なり合っている場合です。一般には、これが協働と理解されています。これに対して、一緒にやらない協働とは、市民が独自に公共を担っている場合です。行政とは一緒にやらないけれども、市民が公共利益を実現しているというケースで、これは私が、減量・リサイクル条例や阪神・淡路大震災で見た協働です。

それぞれの協働ごとに、自治体の施策内容が違ってきます。

一緒にやる協働事業のメリットは、行政と市民がそれぞれの良さを持ち寄って、１＋１を３に

図８　２つの協働

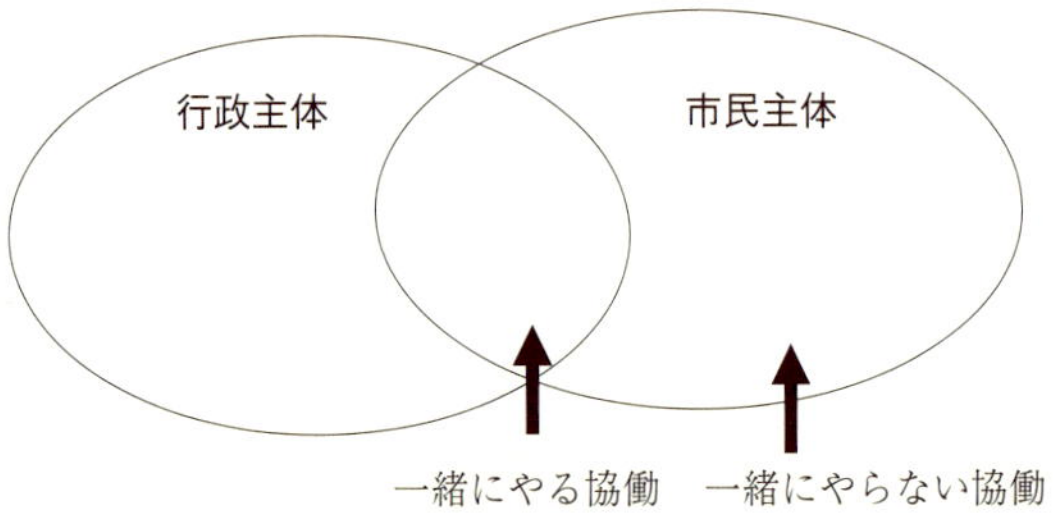

するものですが、実際は、１と１がぶつかり合って、不信感だけが残ったというケースも珍しくありません。そこで、一緒にやる協働では、一緒にうまくやるにはどうしたらいいかが施策の中心となってきます。

それに対して、一緒にやらない協働では、市民が、主体・対等・自立・責任・信頼関係を持って、元気で活動するにはどうしたらよいのか、そのために行政は何をすべきなのかが施策の中身になってきます。

この二つの協働を盛んにしていくことが、地域を元気にし、自治体（役所、議会・議員、市民）が生き残っていける唯一の方法だと思います。

●一緒にやる協働の形態

一般に協働の形態には、委託、補助、後援、共催、実行委員会などがあります。これらは、一緒に汗を流す協働に焦点を当てた協働形態で、協働を行政と市民（特にＮＰＯ）との

表2　一緒にやる協働の形態

委　　託	行政が本来行うべき業務を市民セクターに委託する。
補　　助	市民セクターが取り組む事業に資金等を提供して援助する。
後　　援	市民セクターの取り組みに行政の名義の使用を承諾する。
共　　催	行政，市民セクターが共同で一つの事業を主催する。
実行委員会	行政と市民セクターが新たな組織をつくり，そこが主催者となって事業を行う。

契約関係から論じる立場とも言えます。

なお、これらの協働活動は、あくまでも行政のテリトリー内での活動であることに注意すべきです（図8を参照）。つまり、行政の行動原理に縛られ、行政施策と矛盾する行動（委託や補助等）はできないということです。

行政の行動原理は、適法性、公平性、公正性です。それは行政が税金で動く組織だからです。つまり税金を払っている市民全体の合意が取れていない活動は、行政はできないという構造上の制約があります。しばしば市民活動団体から、行政の官僚性、硬直性が指摘され、行政の枠にとらわれない、市民の立場に立った行動が期待されますが、行政には、おのずと一定の限界があるということです。逆に、その一線を越えたら行政とは言えなくなります（その限界を越えると、住民監査請求、住民訴訟の対象となります）。

こうした内在的な制約を持ちつつ、少しでも歩を前に進めるには、行政自身が、協働の意義を明確に自覚することです。つまり、行政だけが公共を担う方式では、私たちが幸せに暮らせる社会をつくれないという協働の本質をしっかりと確認することが必要です。この点があいまいになっていることが、一緒にやる協働事業を難しいものとしています。

●協働の仕組みづくりにあたって

一緒にやる協働の仕組みづくりにあたっては、次の点についての配慮が必要です。

協働は、市民と行政の新しい関係を切り開く理論ですが、運用の仕方を誤ると問題が出てきます。つまり、協働は、もともと当事者間で協議するという要素が強いため、当事者で決定したことが果たして正しかったのか（公益性の確保）、行政が市民に対して譲歩のし過ぎ（あるいは要求のし過ぎ）をしているのではないか、決定過程が外部から見えにくいといった課題が、協働型決定システムに内在しています。それゆえ、例えば、協働事業では、一般の市民に対しては、なぜ、そこに決まったのか、それが正しい選択だったのかといった点の説明が必要です。

そこで、これら課題を乗り越える協働の仕組みづくりにあたっては、次の点に留意する必要があります。

まず、協働情報の公開です。単に知り合いという個人的な理由だけで、協働することのないようにします。一緒にやる協働では、協働する理由を明らかにすることが説明責任として不可欠です。同時に、協働の成果も明らかにすることです。いずれも審査基準や審査過程の公開、協働の結果の中間報告、事後報告等の公開がポイントです。

●公共主体として育てる

委託や補助といった協働事業の特徴は、事業支援であって団体支援ではないということです。しかし、本当に目標とするのは、市民が公共主体にふさわしいものとなるようにするということです。団体支援は、市民セクターの自立性を妨げるという議論がありますが、自立性を育てるように団体支援をするのが協働政策です。

このように考えると、次のようなことも協働の形態です。

・環境・条件の整備――市民が、自立して活動できるための場所や機会の提供、有用な情報や知識の提供、いつでも相談できる窓口や職員等の誘導支援的手法

・個別対応の重要性――市民活動の特徴は、その個別性にあります。その個別性に応じた協力・支援

・ソフト面の対応――職員の温かい目線や仲間意識、さらには自治体職員全体の協働への理解（公共は市民も担っているということ）等

・逃げない姿勢――これも協働の形態です。私もいろいろな活動をして思うのは、行政が逃げずに「一緒にやるぞ」という強い意向を示すことが、市民の活動の安心につながり、自信につながります。

(4) 協働に対する批判

実は「協働」に対しては厳しい批判を受けています。ニセコ町では自治基本条例から、協働という言葉を削除しました。ここでは、なぜ批判を受けるのかを考えてみます。

●市民と行政が対等で協働するのはおかしい

信託論からは、市民は主権者で、行政はその市民から雇われている（信託されている）存在であるにもかかわらず、雇い主（市民）と雇われる者（役所）が対等で、一緒に力を合わせるというのはおかしいという批判を受けています。なかなか厳しい意見です。

ただ、この信託論は、役所だけが公共を担っているという発想にとどまっています。たしかに歴史的には、フランス革命以降、公と私を峻別し、公のことは役所がやり、民間は私的利益を追求するという発想で、法律や制度が組み立てられてきています。それが、今日の憲法秩序ですが、しかし、地域においては、役所だけが公共を担っても、市民が幸せに暮らせるようにはならないというのが、協働を考える際の問題意識です。信託論の「市民は主人である。だから、役所は市民の言う通りにしろ」という関係が、結果的には、要求型市民を産み、役所に任せておけばいい、役所が何とかしてくれるのではないかというお任せ民主主義を産んでいます。この一方向の関係が、現実には、これがさらに転じて、「行政が雇い主であるはずの市民を統治する」という逆転関係になってしまっています。

新しい公共論の立場では、市民には公共の担い手という一面もあり、同じ公共の担い手同士ゆえに協働するのだと考えます。

●主権者市民・公共主体市民――二つの市民

市民について、もう少し詳しく見てみましょう。法律の世界では、市民は主権者としての存在（主権者市民）ですが、自治の世界では、それだけにとどまりません。市民は、主権者であると同時に公共活動の主体という側面があります（公共主体市民）。

市民を主権者の面からのみ論じるのは、地方をミニ国家と考える発想です。地方政府、地方主権が喧伝される時代にあっては魅力的な考え方ですが、国と地方は同じではありません。国家は主権論で成り立っていますが、地方にとって主権とは、言葉のあや、あるいは勢いといったものだからです。もし地方にも主権があるとすると、神奈川県から東京都へ入るには入国審査がいるということになります。東京都では同性婚を認めるが、神奈川県では許されないという違いを容認することになります（連邦制の国であるアメリカでは州ごとに違います）。日本人の多くは、こうした意味での地方主権を望んでいないと思います。だから地方主権といっても、地方の自立性といった程度の意味にすぎません。

市民を主権者としてのみ考える立場は、市民を役所との関係だけでとらえる考え方です。しかし、市民は役所との関係だけで生活しているわけではありません。現実の市民をみると、主権者としての市民の側面のほか、公共の主体や担い手としての活動している場面がたくさんあります。むしろこちらの方が大きいくらいです。こうした公共主体市民の姿は、これまで無視されてきてきましたが、そこにも光を当てるのが協働論です。

●お金がないから協働をする？

行政は金がないから、協働と言い始めたのだという意見もあります。行政が苦しいので、市民を安い下請けとして使おうとしている、だから協働は怪しいというのです。たしかに、今日の協働には、多少、出どころの怪しさはありますが、出自が悪いからだめだという議論は、人権研修のやり直しです。協働とは、もっと本質的な自治のパラダイムです。

協働とは、行政と市民の両方が公共の主体で、それぞれの強み、得意分野を発揮して、市民生活や地域を豊かにするというものです。つまり、市民は自分たちの得意領域であるから、その分野で公共を担うのであって、行政の財政が厳しくなったからではありません。したがって、もし税収が上向き、自治体の財政状況が好転しても協働はやるのです。

一九九〇年ぐらいのことですが、ＤＶ（ドメスティック・バイオレンス）をテーマにしている市民が私のところへ相談に来ました。彼女たちの活動を行政が支援してくれないかという話です。しかし、役所というのは、税金で動く組織です。したがって、市民全体のテーマでなければ動けないことを説明して帰ってもらいました。その当時、ＤＶは、まだ市民全体の問題になっていなかったからです。

ところが、「分かりました」と帰っていった彼女たちが、あちこちで活動を始めるのです。気が付くと、あちこちで、ＤＶからの保護活動が行われ、広まっていったのです。そうすると、市民全体の問題になっていきます。これを「公共性の熟成」と言っていますが、こうした発展がある社会が豊かな社会です。

このように、役所だけでなく、市民ならではの公共活動も活発にして、地域を元気にし、市民を豊かにしていくのが協働です。

(5) 協働が目指すもの

●民主主義の実現

「地方自治は民主主義の学校」(J・ブライス)と言われます。民主主義とは単に多数決ということではなく、価値の相対性を基本原理とする考え方です。つまりAという考え方にも、Bという考え方にも良さがあり、それぞれが切磋琢磨しながら、より良いものを創造していこうというのが民主主義です。

この民主主義が有効に機能するためには、市民自身が、共同体(まち)の課題に対し、自律的に関与し、公共的な態度で臨むことが前提になります。

考えてみれば、古代アテネでは、抽選によって選ばれた市民自らが、アテネ・プニュクスの丘で開かれた民会に集まって政策決定をしました。ここでは住民自治にふさわしい直接民主主義が行われていました。その後、国家機能が拡大する中で、市民が選出した議会(議員)の活動を通じて民意を実現するようになりますが、その過程で住民自治が、政府の運営を住民が統制するという意味に変容してきます。

分権、協働時代において問われているのは、民主主義を支える市民自身が、自治の当事者として、自治を考え、創造し、運営しているかどうかです。これは民主主義の基本に関わる問題です。

協働とは、行政による公共とは別のもう一つの公共を認めるものです。市民の共通課題をテーマとする役所という公共と自分たちの問題意識・関心で動く市民というもう一つの公共を両輪にしながら、市民が幸せに暮らせる社会をつくっていくものです。市民自身が、自分たちが大事だと思って行動することの公共的な意義を正面から認めるのが協働です。

●住民自治の再構築

協働は、住民自治の概念にも変容を迫ります。住民自治については、講学上は次のように説明されています。

「『住民自治』とは、地域の住民が地域的な行政需要を自己の意志に基づき自己の責任において充足することを指し、『団体自治』とは、国から独立した地域団体を設け、この団体が自己の事務を自己の機関によりその団体の責任において処理することをいう。これは、いずれも、地方的な事務に関する公的意思の形成のあり方に関するものであるが、前者は意思形成にかかる住民の政治的参加の要素に着目したものであり、後者は地域の団体の国家からの独立した意思形成の点に着眼したものである」（塩野宏『行政法Ⅲ・行政組織法（第三版）』有斐閣、二〇〇六年、一一八ページ）。伝統的な理解によれば、住民自治は、主権者による参加です。

協働と参加が違うことはすでに説明しました（一六―一七ページ参照）。主権者市民とは違う公共主体市民に着目するのが協働です。住民自治の意義も、その言葉の通り、地域の市民が自己の意思・責任に基づいて、まちの課題に自律的に関与し、公共的な態度で臨むことと考えていく必要があります。

Ⅱ　協働で役所の仕事が変わる――市民が存分に力を発揮するために

1　市民に協働を言う前に――総務課だって協働がある

本章では、市民による協働を言う前に、行政自らが、今やっている仕事を見直してみようという提案です。協働は、市民が公共主体として、その力を存分に出すことと考えると、市民の力を大いに引き出すように、行政はこれまでやっていた仕事を組み立て直す必要があるからです。そのように考えると、協働は、協働推進課だけの話ではなく、役所の全課、全職員に関わってきます。分かりやすく言えば、「総務課だって協働がある」です。

どこにでもある協働の成功事例

研修などでよく聞かれるのは、協働の成功事例です。うちの町でも協働を進めているが、市民の関心がとても乏しい、他の自治体でうまくいった事例を紹介してほしいというものです。

実は、協働の成功例というのは、どこのまちでも行われています。

例えば、自治会・町内会による子どもを守るための防犯パトロールです。全国で、学校帰りの子どもが、事件に巻き込まれるという事例が頻発しました。それを防ぐには、警察官や役場等の行政による対応では、とても手が回りません。市民自身による取り組みが必要になります。

子どもを守るための防犯パトロールでは、最初は、子どもの保護者が取り組みます。自分たちのことだからです。しかし、長続きはしないのです。なぜならば、保護者には、会社・家事・子育て等さまざまな仕事があるからです。そこで立ち上がったのが、地域の自治会・町内会の人たちです。彼らは定年退職後の人も多く、時間もあり、パワーもあるということで、地域のために立ち上がります。そして、全国のあちこちで、自治会、町内会の人たちが中心となって、子どもの見守り隊をつくり、自分たちで交差点に立ち、巡回パトロールを行っているのです。

これは民間と民間の協力関係ですが、公共主体としてのりっぱな協働です。これ以外にも、こうした活動は、協働という言葉が使われる以前から、全国どこでも行われています。

行政機能の代替は結果であって目的ではない

市民協働の究極の姿として喧伝されるのが、埼玉県志木市で行われていた「志木市行政パートナー」です。二〇〇七年に制定された志木市市民との協働による行政運営推進条例では、「市民の有する知識経験及び能力を活かした行政運営を展開する」（一条）として、市民公益活動団体に対して、「行政サービス実施主体としての参入機会を提供」（六条）すると書かれていました。

行政パートナー制度は、この条例を具体化したもので、市民から有償ボランテイアを募集して、市庁舎や公民館、図書館などの施設の管理を委ねる制度です。この制度は、「志木市自立計画」の一環で、最終的には、六〇〇人いる正規職員を五〇人まで減らし、これを行政パートナーに置き換えるというものでした。ただ、この計画自体は、かなり無理があり、実際には市長の交代により撤回され、市民との協働による行政運営推進条例も廃止されてしまいました（二〇〇八年）。

行政パートナー事業は、協働の典型例とされますが、本当にそうでしょうか。

何度も述べたように、協働とは、行政が行う税金による公共サービスと市民による経験、知識・知恵、行動力による公共サービスを車の両輪のごとく回していくものですが、市民による協働が最も当てはまるのは、市民の得意領域についてです。行政の機能を代替するというのは結果であって、目的ではありません。その点から見ると、市庁舎や公民館、図書館などの施設の管理は、市民の得意分野とは言えません。これはアウトソーシングで、アウトソーシングを協働と言うべきではないのはすでに述べた通りです。

2 人事・職員課を見直そう

(1) 宣誓書をつくり直そう

●服務の宣誓に関する条例

人事担当が所管する条例に服務の宣誓に関する条例があります。この条例の法律上の根拠は、地方公務員法で、その第三一条には、「職員は、条例の定めるところにより、服務の宣誓をしなければならない」と定められています。この規定を受けて、各自治体で服務の宣誓に関する条例が制定されて、宣誓書がつくられています。

試みに、日本地図にダーツを当てて、その町の宣誓条例を見てみましょう。たまたま当たったのは、横浜市です。横浜市の宣誓条例は、「横浜市職員の服務の宣誓に関する条例」という名称の二条だけの短い条例です。その宣誓条例第二条には、新職員は、「任命権者又は任命権者の定める上級の公務員の前で、別記様式による宣誓書に署名してからでなければ、その職務を行って

宣誓書

私は、ここに、主権が国民に存することを認める日本国憲法を尊重し、且つ、これを擁護することを固く誓います。

私は、地方自治の本旨を横浜市において実現していくためには、公務を民主的且つ能率的に運営しなければならないという責務を深く自覚するとともに、国民全体の奉仕者であると同時に、とりわけ、横浜市民の奉仕者であることを認識し、法令、条例、規則及び規程を遵守し、誠実且つ公正に、良心に従って職務を執行することを固く誓います。

年　　月　　日

氏　名　　　印

はならない」と書かれています。

別記様式は、上の通りです。

●どこでも同じ内容になっている

なぜダーツで対象を決めたのかです。実は、宣誓書の内容は、全国どこの自治体でも、ほぼ同じだからです。大げさに言えば、一言一句同じです。だから、ダーツでよいのです。

前述の横浜市の例は、「横浜市民の奉仕者であること」の一文が入っている点で、むしろ珍しい例外に当たります。

全国の宣誓書は、二つの要素からできています。

一つが前段の憲法を尊重し擁護す

る義務です。憲法の基本原理は、国民主権、基本的人権の尊重、平和主義ですが、自治体職員は、これら原理を守り、実現するために仕事をします。

他の一つが後段の全体の奉仕者です。全体の奉仕者として、どのように働くのか、その働き方が具体的に記述されています。

全国的には、この二つの要素を二文で表現するのが大勢ですが、なかには、これを一文で記述している自治体もあります。ただ、内容については、例外なく、この二つの要素が規定されているのです。逆に言うと、この二つのことしか規定されていないということになります。

宣誓書は、まったく同じ内容で、ほぼ同じような形式で、全国の一七〇〇の自治体でつくられているのです（都道府県の宣誓書もまったく同じです）。

●どこでも同じ時期にできている

奇妙な一致は、この条例の制定年度にもあります。宣誓条例は、いずれも一九五一年（昭和二六年）につくられているのです。むろん、合併等があった場合は、制定年次は変わりますが、ルーツをたどれば、どの条例も昭和二六年に行きつきます。昭和二六年は、地方公務員法が施行された年で、宣誓書は、当時の地方自治庁が示したモデルに従って、全国一斉につくられたものです。

昭和二六年と言えば、まだ戦後です。道路は雨が降れば水たまりになるし、ハエやネズミと一緒に暮らしていた時代です。基盤整備にようやく取り掛かり始めた時代で、日本全体がようやく再建を始めたころです。

宣誓書は、その時代を背景につくられています。新憲法を尊重することを確認すること、あわせて天皇のための官吏ではなく全体の奉仕者であることを職員が一人ひとり宣誓するということは、この時代には、積極的な意味を持っています。

●宣誓書をつくり直そう

しかし、今日から見ると、この宣誓書では物足りません。憲法尊重擁護義務や全体の奉仕者は、その通りですが、それだけでは自治体職員は務まらないからです。例えば、市民参加、情報提供、説明責任、市民との協働など、大事なポイントが抜け落ちています。

全国どこでも同じというのもおかしな話です。自治体とは言っても、人口三七〇万人の横浜市から、人口一八〇人の青ヶ島村まであるのです。北は北海道から南は沖縄まで、気候も暮らしも大きく違います。地域の実情に応じた宣誓書（＝職員の心構え）があるはずです。

協働を自治経営の基本に据えるのならば、まずは自治体職員になる時から、どういう公務員になるかを全職員がきちんと確認する必要があります。これは宣誓書に端的に表現されます。宣誓書のつくり直しは、意外と急務です。そのつくり直しの際には、役所だけで宣誓条例をつくるのは得策ではないでしょう。多くの市民の意見を聞きながら、期待される職員像を自治体職員間、市民間で共有しながら、決めていくべきです。その結果、地域ごとに特色を持った千種万様の宣誓書ができあがると思います。

(2) 分権以前の職員採用方式でやっていませんか

●職員採用試験の仕組み

一般に、市町村の採用試験問題をつくる仕組みは次のようになっています。

意外なことですが、ほとんどの自治体では、試験問題は自分たちでつくらず、日本人事試験研究センターという内閣府の外郭団体へ委託しています。日本人事試験研究センターの定款を見ると、存立目的は、「人事試験に関する調査研究を総合的に行い、その成果を普及し、もって人材の適正な選抜、配置等の促進を図り、我が国における人材の活用に寄与すること」と書かれています。

本来ならば、自分たちで試験問題をつくるべきですが、試験問題の作成には莫大な人員、労力、費用等がかかること、また採用試験の公正性という観点から見ると、センターから試験問題の提供を受けたほうが好ましいということは理解できないことではありません。センターから、標準的な試験問題と正答の提供を受けた市町村は、提供問題を再構成し、表紙、問題番号及びページ番号を付して試験問題を作成して、試験を行います。なお、この試験問題は、非公開とされています。公開しないことが契約内容とされているためですが、非公開を契約条件とする理由は、公正かつ適正な契約事務の遂行に支障を及ぼすおそれがあるからだとされています。

●なぜ数的処理が試験科目なのか

公務員の採用試験で、合否のポイントになり、そして多くの人が苦手なのが数的処理という問題群です。具体的には、次のような問題が出されます。「池の周りをA君が時速五キロで歩いて行った。三〇分後、B君が時速一〇キロで走って追いかけた。追いつくのは何分後か」。

こうした問題を短時間で解くことで、受験者の数的な思考力、推理力を見ているということですが、仮に、そうだとしても、市町村の仕事に、こうした数的処理能力は、本当に必要だろうかというのが私の率直な疑問です。なぜならば、私は横浜市役所に二六年間勤めましたが、一度も池の周りを追いかけたことがないからです。先輩からも、真正直に追いかけるのではなく、先回りして待っているのが、自治体職員であると教わってきました。国や県の役人ならば、こうした能力が必要かもしれませんが、分権・協働時代において市町村で必要としている職員は、市民と対等に話ができ、市民の苦情にもめげず、市民のよいところを引き出せる人こそが望まれます。

　地方分権以前ならば、国の機関である自治体職員は、国の職員と同じような職員が期待され、その採用方法も国と同じようにしていればよかったと思います。しかし、地方分権で、機関委任事務がなくなり、国の仕事と地方（特に市町村）の仕事が大きく変わったのに、相変わらず職員の採用試験は、国の役人を採用する方法でやっているのではないかというのが私の疑問です。自治の現場ニーズと職員のミスマッチは、行政にとっても市民にとっても幸福なことではありません。地方分権から一〇年もたつ中で、職員採用についても、新しい模索を始める時のように思います。

●協働型職員のため採用試験——茅ヶ崎市の取り組み

　こうした観点から、公務員試験改革に先駆的に取り組んでいるのが神奈川県茅ヶ崎市です。茅ヶ崎市の応募要領を見ると、難しい公務員試験の勉強は無用と銘打っています。志願者向けの説明会も一般企業の会社説明会に混じって行っています。

　その試験のやり方ですが、最初はエントリーシートによって選抜します。試験当日、茅ヶ崎市で何をやりたいか、自分はこれまで何をやってきたのかをA3で一枚程度のエントリーシートに一時間くらいで書きます。この段階で、相当絞り込まれるので、通りいっぺんの記述では合格しません。実際に茅ヶ崎の街を歩き、総合計画を読むことが条件になります。その後、三度の面接がありますが、その中で志願者の思いや人となりが、あらわになっていきます（余談ですが、研修をすると茅ケ崎市の職員は、自ら積極的にどんどん発表をするのが特徴です。合同研修をすると、その違いは顕著です）。

ただ、茅ヶ崎市のような職員採用方式を取った場合、難しくかつ大事だと思うのは、個性豊かな職員を束ね、それを全体の力にする理念と実践です。下手をするとバラバラになってしまうからです。その理念となるのが自治基本条例であり、職員パワーを束ね、大きなエネルギーに変える首長の役割（リーダーシップ）が重要になります。管理職も安閑としていられません。個々の職場で、こうした職員を束ね、それぞれの持ち味を縦横に発揮させる管理職の役割も重要になってきます。自治の経営力が問われてくるということです。

この茅ヶ崎市の採用方式は、今日では、神奈川県下の他自治体でも続々と採用し始めています（小田原市、平塚市など）。

3　文書・情報公開課を見直そう

(1) 公文書管理を考え直す

●公文書管理の考え方

公文書をきちんと管理することは、役所の仕事の基本です。公文書管理のねらいは、文書の追跡可能性（トレーサビリティ）、文書管理に対する信用（クレディビリティ）、文書の利用可能性（アクセシビリティ）を確保し、役所の説明責任（アカウンタビリティ）を徹底しようというものです。

これまでならば、役所が行政文書をきちんと管理していれば公文書管理と言えましたが、協働という観点に立ち、市民や地域コミュニティ・NPOなどの市民セクターも公共の担い手で、それらが存分に力を発揮することが大事だと考えると、公文書管理の意味合いも変わってきます。

・行政文書を公共の担い手である市民セクターが積極的に活用するという観点も、管理の内容になってきます。

・市民セクターによる公共活動に関する文書も、市民間で共有され、自治体政府もこれを参考

表3　公文書管理の目的

トレーサビリティ（文書の追跡可能性）	・文書を追跡できるようにしておくことで仕事の効率性が高まる。 ・住民からの開示請求にすぐに対応できる。
クレディビリティ（文書管理に対する信用）	・「都合の悪い文書は隠しているのではないか」といった疑いの目を向けられなくてもすむ。 ・住民の信頼があれば、自信を持って仕事ができる。
アクセシビリティ（文書の利用可能性）	・住民が、正しい判断材料に基づいて、行政の活動を検証することができる。 ・行政も緊張感をもって職務を執行できる。

できるようにする必要があります。

・後世の市民に引き継がれていく文書は、公文書だけに限らず、民間の文書も対象になってきます。

・文書の保存は、行政だけが担うのではなく、大学や研究機関、さらには市民セクターが、その保存主体となり、相互に利用できるような仕組みづくりが必要になってきます。

●公文書管理条例の範囲

公文書管理条例とは、行政文書等の適正な管理を図るとともに、歴史公文書の適切な保存、利用等を図る条例です。

公文書の管理は役所の内部事項と考えると、規則・規程で行えばよいということになります。ところが、市民も活用すると考えると、条例であることが好ましく、二〇〇九年六月の公文書管理法の制定とあいまって、条例化の検討の動きが始まりました（札幌市など）。

管理の対象となる文書も、これまでならば、行政文書や特定歴史公文書を基本に、地方独立行政法人、地方三公社等の文書どまりでした。しかし、市民も公共の担い手であることから、民間文書も、政策評価や歴史判断に有用な重要な公的文書としての意味があり、政策形成文書に大きな影響を与えている文書は一種の公的文書として、公開、活用できる仕組みも考えていくべきということになると思います。

(2) 情報公開から情報共有へ

● 情報公開から情報共有へ

今日では、行政の保有している情報を市民に公開することは、当たり前のことになりました。情報公開条例を持たない自治体はほとんどなく、情報公開制度は、自治体の標準装備になっています。

この情報公開制度は、伝統的な住民自治の概念に起源を有しています。つまり、市政は、市民の信託を受けて行われるものであり、行政は信託者（主権者）である市民に対して、その活動について説明する責務（説明責任）を負っています。逆に言えば、市民は市政に関して知る権利を持っています。この説明責任を果たし、市民の知る権利を保障していくためには、市が保有する情報を市民に積極的に公開していくというのが情報公開制度です。

ただ、この情報公開は、行政から市民への一方向の情報提供にとどまるという限界を持っています。行政が独占的に情報を持っていた時代ならば、行政からの情報公開・提供で十分でしたが、今日のように、市民が保有する情報や知識が増え、市民がソーシャル・ネットワーキング・サービス（SNS）などの情報ツールを自由に使えるようになると、市民が保有する情報等のほうが、社会的にも有用な場合が多くなってきました（東日本大震災の際には、行政は機能不全に陥り、市民間での情報が避難、救援活動等に大いに役立ちました）。情報技術に関しても、市町村には専門家が少なく、市民のほうが専門的知識を持つ人が数多くいます。

協働の観点からは、行政からの情報公開にとどまらず、情報共有が重要になってきます。情報共有とは、行政、市民の双方向による情報公開、提供を意味します。そのためには、市民が持つ情報を行政や他の市民が活用する機会や方法の開発が急務です。これはSNSの普及で現実的なものとなってきました。なお、情報公開から情報共有に転換するということは、市民の行動姿勢も情報公開を請求して行政の不備を正す活動から、市民自身が、対案を考え、提案する方向に大きく変わるということを意味します。

●情報の加工

さて、情報公開ですが、市民に対して説明するという観点だけでなくて、市民がその力を存分に発揮して活動するという観点からこれを組み立て直すと、情報公開請求を待たずに、市民が自主的に活動できるように、情報を積極的に提供していくことが必要です。

情報提供は、役所が保有する行政情報を公開請求によらず各課が自発的に公にすることを言います。例えば、広報紙やホームページによる各種の広報活動、行政情報コーナー等での資料提供、報道機関への情報提供などがあります。

適切でタイムリーな情報の提供によって、市民の疑問や不安、不満が解消される場合が多々あります。そのためには、職員は、常日頃から、市民が知りたいと思っている情報とは何か、それをどのタイミングで、どのような方法で、市民に知らせたらよいか、市民の視点で常に考えていくことが求められます。

市民が行政をコントロールするのが住民自治であると考えると、情報は加工せず、ありのまま出すことが基本となります。情報の加工は、市民に疑義を抱かせることになるからです。他方、市民自らで考え、行動するのが住民自治と考えると、市民が理解し、使いやすいように情報を加工することも必要になってきます。そのための能力、技術も学ぶ必要があります。

(3) 個人を護る個人情報保護制度へ

●個人情報保護制度と過剰反応

個人情報保護制度は、市民のプライバシーを保護すると同時に、個人情報を有効に利用して、市民生活の充実を図るという側面も持っています。

自治体は、国に先駆けて個人情報保護条例等を制定しましたが、国もその後を追うように、個人情報保護法をはじめ、一連の個人情報保護法制を整備しました。個人情報保護法は、官民を通じた基本法と民間事業者の個人情報取扱いルールで構成されていますが、個人情報取扱事業者は、利用・取得、適正・安全な管理、第三者提供の禁止、本人からの開示等に応じるルールを遵守しなければいけないと規定されています。

個人情報保護法ができたために、学校の緊急連絡網、災害時の要援護者リスト、自治会名簿をつくれなくなったという声を聞きます。箕面市では、新型インフルエンザ流行の際、学校の保護者連絡網が配布されておらず、小・中学校の学級閉鎖、休校などの連絡が速やかに保護者に伝達されないという現象が発生しました。行政内部でも、福祉・防災の担当部局間などでの情報共有が進まないといった問題も起こっています。「過剰反応」の問題です。これは、個人情報保護法が「個人情報取扱事業者は、あらかじめ本人の同意を得ないで、個人データを第三者に提供してはならない」（一二三条①）としている点に端を発しますが、ともかく個人情報保護を徹底しておけば責任を問われることはないだろうという守りの意識が先行し、それが過剰反応を招いています。

●協働の観点から個人情報保護制度を見直す

東日本大震災では、あらためて地域コミュニティの重要さが確認されたところです。地域における日ごろの連携が生死を分けた場面も出てきました。大震災以後、地域の自治会・町内会で、災害時に住民間で助け合う仕組みが構築されつつあります。津波が来た時に、隣の高齢者を背負って逃げるシステムです。

この制度づくりでネックとなるのが個人情報保護制度です。救援が必要な高齢者や障害者の名簿をつくろうとしても、個人情報の目的外使用に当たり、使えないということになるからです。

しかし、考えてみるとこれはおかしな話です。名簿を使わせないということは、大災害の際には、要援護者を救助せずに、自分だけで逃げろということです。私たちの社会は、困っている人がいれば、その人たちを手助けするというのが基本思想であったはずです。そもそも市民を守るための制度が市民を守らないというのはおかしな話です。

従来の住民自治の発想で考えれば、役所が悪いことをしないように規制するということになり、

ふれあい安心名簿条例 「安心」のしかけ

- 情報を収集するときは，名簿の利用目的・載せる内容・配付先を事前にお知らせします。
- 情報を収集するときは，本人の同意をいただきます。
- 条例の定めに基づいて，作成された名簿は市が認証します。
- みなさんからの問い合わせ・相談に応じる「名簿管理者」を置きます。
- みなさんからの申し出に応じて，名簿に掲載した内容を修正します。
- 不要になった名簿は回収して処分するか，全員に不要になった通知をし，各自が確実に処分します。
- 市は，作成や管理方法など，名簿に関する相談を受けるほか，さまざまな支援をしていきます。

（出所） http://www.city.minoh.lg.jp/soumu/meibo/pub1.html

個人情報の目的外使用は禁止するというのは、よく理解できるところです。ところが、市民が公共を担うのが協働であると考えると、市民が公共を担えるように、行政は制度整備するということになります。この立場では、個人情報を守りつつ、同時に個人情報を使って市民が活動できるようにしていこうという仕組みを構築することになります。

その点に踏み込んだのが、箕面市のふれあい安心名簿条例です。この条例は、市民間で個人情報を安心して利用できるように、行政が仕組みをつくるものです。この制度設計は容易ではありませんが、試行錯誤を始める時だと思います。

4　広報課を見直そう

役所言葉の見直し

役所の文書や市民に対して使われる言葉の中には、難解なものや外来語が見られ、また特有の言葉づかいもあって、分かりにくいとされてきました（例えば、「研究」と「検討」の違いなど）。

こうした役所言葉を見直す動きは、以前からあり、すでに一九五二年の文部省国語審議会の建議の中で、「将来は、公用文の「殿」も「様」に統一されることが望ましい」とされています。

言葉を含む公用文の見直しが、理論的なバックボーンを持って取り組まれるようになったのは、NPMの考え方が、自治体に導入されるようになった一九九〇年以降です。二〇〇一年六月に小泉内閣は、経済財政諮問会議答申「今後の経済財政運営及び経済社会の構造改革に関する基本方針」（いわゆる骨太の方針）を閣議決定しましたが、そこには「国民は、納税者として公共サービスの費用を負担しており、公共サービスを提供する行政にとっていわば顧客である。国民は、納税の対価として最も価値のある公共サービスを受ける権利を有し、行政は顧客である国民の満足度の最大化を追求する必要がある」とされており、役所言葉についても、もっぱら顧客である市民に対するサービス、顧客の市民に愛される役所を目指すという観点から見直されてきました。

さらには最近では、この役所言葉を協働という観点から見直す動きも出てきています。例えば、富良野市では、役所言葉の見直しの手引き作成にあたって、「市民とともに考え、ともにつくりあげていくには、積極的に市民に情報を提供し情報を共有することが前提となります。条例では、情報提供や情報共有するための方法や手続きを定めましたが、その情報を説明する文章や言葉が分りにくく、市民に伝わらなければ何にもなりません。……そこで、わかりやすく、正確に、しかも悪い印象を与えずに市民に情報を伝える文書づくり、言葉づかいをめざします」として、市民を自治の主体として位置づけ、主体たるにふさわしい活動できるようにするという観点から、役所言葉の見直しに取り組んでいます。

協働広報という概念

何度も述べているように、協働とは、政府だけが公共を担うのではなく、市民も公共を担うということです。

この協働という観点から広報を見直すと、なぜ広報するのか、広報によって何を実現するのかが、あらためて問い直されることになります。自治体広報の再構築です。広報は、役所からのお知らせだけではなく、公共を担う市民からの広報も重要になります。行政、議会（議員）、市民の自治の担い手全体で情報を共有するという観点からの見直しが必要になります。

現状は、役所が知らせたいことを市民に知らせる広報が中心になっていますが、市民も自治の担い手として、主体性を発揮できるような広報を開拓していくべきでしょう。SNSの広がりはよい機会です。役所から市民に向けての一方向の広報ではなく、双方向性の広報を目指して、システムを開発していくべきでしょう。それが実際に功を奏したのが、東日本大震災の時でした。どこの道路ならば通れるといった情報が、市民から数多く発信されました。

フェイスブックの活用――武雄市の事例から

協働広報という視点で考えると、自治体広報を市民の自律や貢献性の推進、つまり自治の担い手をつくるということを基本に据えて再構築していくことになります。その有力なツールがフェイスブックです。

フェイスブックは、世界中で八億五〇〇〇万人以上のユーザーを持つというSNSです。このフェイスブックを積極的に活用しているのが、佐賀県武雄市です。ホームページはフェイスブックに移行し、職員もフェイスブックに登録して、積極的な情報発信、情報交換が行われています。

フェイスブックを使う最大のメリットは、行政からのお知らせ、市民からの問い合わせという一方向のコミュニケーションから、双方向のコミュニケーションに転換できるという点です。市民と行政の情報共有が協働の前提ですが、フェイスブックでは、共有した情報を元に双方向の意見交換が可能です。市民からの提案や質問は、すべての市民が見ることができ、また見るだけでなく、「いいね！」ボタンやコメントを通じて、市民の思いの表現することが可能です。参加という点でも、敷居が低いシステムです。また可視性が強いツールで、透明性の高い行政を実現するには有効な仕組みです。

フェイスブックは、実名登録が基本ですから、自治体職員のあり方にも大きな変化が生まれます。職員の名前と顔が見えることで、一定の緊張感が生まれるとともに、市民のほうでも親近感や信頼性を持つことができます。分権・協働時代の公務員は、まちに出ていくことが求められますが、その有効なツールとも言えます。

フェイスブックについては、不正な書き込みがあった場合の対応など、ＳＮＳ特有の課題もありますが、新しい公共を担うプラットフォームとしての可能性は、大いにあると思います。

5　法制課を見直そう

協働から最も遠い仕事？

協働と法制課は、最も縁遠い存在のように見えます。一般に、法とは、「国家の権威によって定められ、国家権力によって強行される規則」（林修三『法制執務』学陽書房、一九七九年、六ページ）であり、したがって法の本質は、市民が法に従って行動することを要求し、これに違反して行動することを国家の権力として許さないという性質、つまり、法的強要性にあると考えられているからです。この伝統的な考え方からすれば、法務と協働の距離は遠く、協働は法制課には無関係な事柄ということになります。

たしかに自治体の条例も法である以上、法的強要性も重要な要素ですが、自治体の法であるという特性から、法律とは違う側面も重要です。国の場合は、主権との関係が切り離せないため、強要性を本質とすることはよく理解できますが、地方自治は、地域の課題を解決して、住民が幸せに暮らせるようにすることが目的であるので、自治体法の内容も国とは違ってくるはずだからです。

図９　政策領域の変化

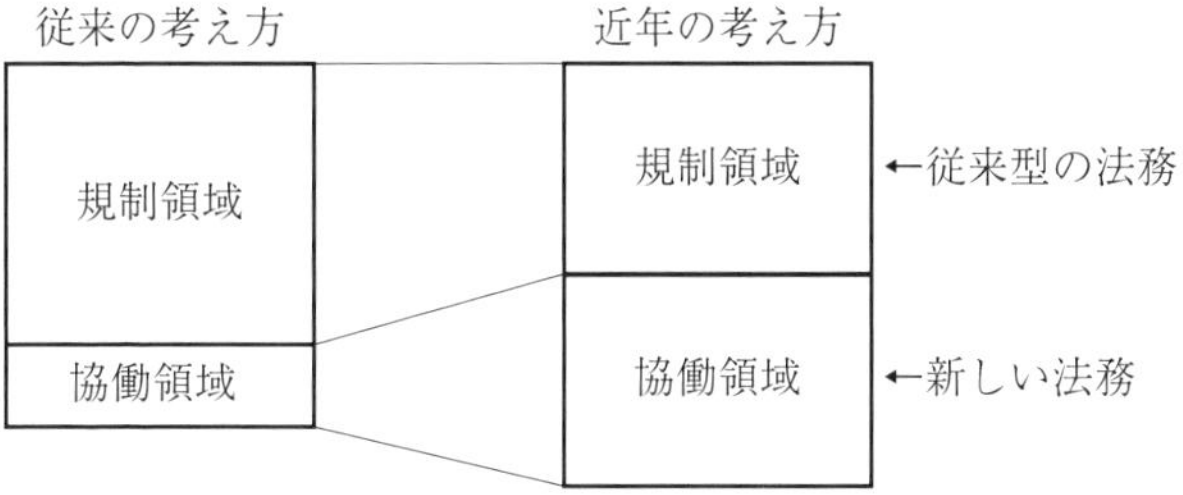

とりわけ、近年では自治体が対象とする政策領域は、強要性が有効な政策領域（規制領域）は相対的に狭くなってきているのに対し、政府と市民が協力・協調しなければ解決できない政策領域（協働領域）が広がってきています。その典型が環境問題ですが、公害行政ならば、公害発生源である工場等を規制・指導することで公害を防止できますが、環境問題になると権力的・規制的手法だけでは問題解決ができなくなります。例えば地球温暖化の原因であるCO_2の削減も、市民一人ひとりの主体的参加や日常的で実践的な活動がかぎとなってきます。

このように政策の形態や相手方が変化している中で、政策の実現手段である法務も変化するのは当然で、自治体の法務についても今日的な再構築が求められています。

条例の本質は強要性なのか

条例の意義は、どのテキストにも強要性にあると書かれています。たしかに、二年以下の懲役、一〇〇万円以下の罰金（地方自治法一四条三項）は強力です。しかし、条例の意義が強要性というのは、私の体験と大きく異なります。なぜならば、私は、二六年間市役所に勤めましたが、罰則を適用したことがないからです。

なぜ、実際に適用したことがないか。それは罰則は刑事罰だからです。刑事罰の基本原則は、無罪推定です。また自白だけでは有罪とされません。つまり、どんな犯罪でも、適用しようとすると、客観的証拠をそろえることが必要ですが、これは自治体の資源、権限では、ハードルが高いからです。もし間違ったら、訴えられて時には職を失うかもしれません。だから、自治体が罰則を適用できるのは、いよいよ罰則しかないと追い詰められたきわめて例外的な場合だけです。

私は、条例の意義は、納得性にあると考えています。納得性とは何か。条例は、通常、一方の市民代表である首長によって提案されます。その提案された条例案も、もう一方の市民代表である議会・議員が審議し、議決します。つまり、市民の信託を受けた市民代表による二重のチェックを受けているのです。この二重の民主性が納得性の根拠です。

それゆえ条例は、慎重につくられます。首長からの質問にも、議会での質問にも、きちんと答えられるように丁寧につくられていきます。それによって実効性が担保され、納得性が高まっていきます。

また条例は公開の場で審議されます。議会だけでなく、多くの市民の目に晒されるということは、さまざまな視点から検討がされるということです。この面でも、実効性が担保され、納得性が高まります。

納得性があるようにつくる

ということは、条例は納得性があるようにつくらなければいけないということです。

納得性にとって、まず重要なことは、条例ができることで市民の暮らしが実際によくなるということです。時々、ほかのまちの条例をコピーして条例をつくるということが行われますが、これでは実効性がある条例をつくることはできません。自分のまちの状況を踏まて、立法事実をきちんと積み上げることが必要です。

協働時代にあっては、市民と協力しながら条例をつくることも納得性の重要な要素です。私は、全国で市民と一緒に自治基本条例をつくっていますが、市民と条例をつくることは、特に難しいものではありません。いくつかの条件を整備すれば、簡単にできます。一緒にやってみると、市民ならではの発想、着眼点に驚きます。条例を一緒につくる中で、市民自身も大きく変わります。条例をつくることの難しさ、つまり行政の難しさを実感するからです。こうした作業を経る中で、市民の自治力は高まります。
条例を市民と一緒につくることで、何よりも変わるのは行政です。相互の信頼関係がないと、条例はできないため、行政は市民との信頼関係を獲得するために努力するからです。納得性のある条例をつくることをきっかけに、市民、行政双方の自治力が鍛えられます。

市民がその気になる法制執務へ

法制執務とは、法令を立案・審査する場合に心掛けるべき諸原理や諸技術です。規定の配列の仕方、漢字や送り仮名の使い方、句読点のつけ方、表現方法（正確性や平明性）等に関する詳細なルールが、事実上、決められています。しかし、分権・協働時代にあっては、この法制執務も変容が免れません。

例えば、自治体で制定される条例の七割は、一部改正条例ですが、この条例を書く手法が「改め文」です。具体的には、

第一条中「）の規定」を「。以下「法」という。）の規定」に改める。

これが改め文で、これが一部改正条例でもあります。

一部改正を改め文方式で行うことについては、特別の根拠法や取り扱い基準があるわけではありませんが、内閣法制局が採用している一四〇年の伝統の手法です。

この方式は、改正事項をピンポイントで指定し、改正事項を簡潔かつ明確に表現できるという利点もあり、また全国的に統一され、長い歴史の中で確立された方式であることから、改正作業を担当する職員にとっては所与のものとして（特に疑問を持たずに）、多くの自治体で採用されてきました。

しかし、この方式の問題点は、この条例文を見て、何が変わるのかがよく分からないことです。だから実際の運用では、「お手元の新旧対照表をご覧ください」ということになります。大事なのは、条例文を見て、議員や市民など自治の当事者（野球の九人）が、「よし、やってやろう」という気になることですが、これではその気も起きないでしょう。九人で野球をやらなければ、自治を守れなくなっている中で、法制執務も伝統の上にあぐらをかいているわけにはいかないと思います。

そのためには、表を多用した条例や箇条書きの条例なども、考えてよいでしょう。紙と墨で条例を書いていた時代ならばいざ知らず、コンピュータの時代なので、複写もゴシックも簡単にできます。スペースだって取りません。工夫はいくらでもできると思います。

当面の対案としては、全国の自治体で、改め文方式に変えて新旧対照表方式が採用され始めています。これは新旧対照表そのものを条例にしてしまおうというものです。この方式は、まだまだ改良の余地がありますが、前に進もうというところが大事で、そこから新しい工夫が生まれてきます。現時点では全国で五〇ほどの自治体が採用しているにすぎませんが、今後、一挙に増加すると思います。

6　地域政策課を見直そう

二つのコミュニティ

コミュニティは、大別して、地域を基盤としたコミュニティ（地域コミュニティ）と、特定テーマで結集したコミュニティ（テーマコミュニティ）に分類できます。前者の代表例が自治会・町内会で、後者の典型例がＮＰＯです（**図10**）。

図10　コミュニティの分類

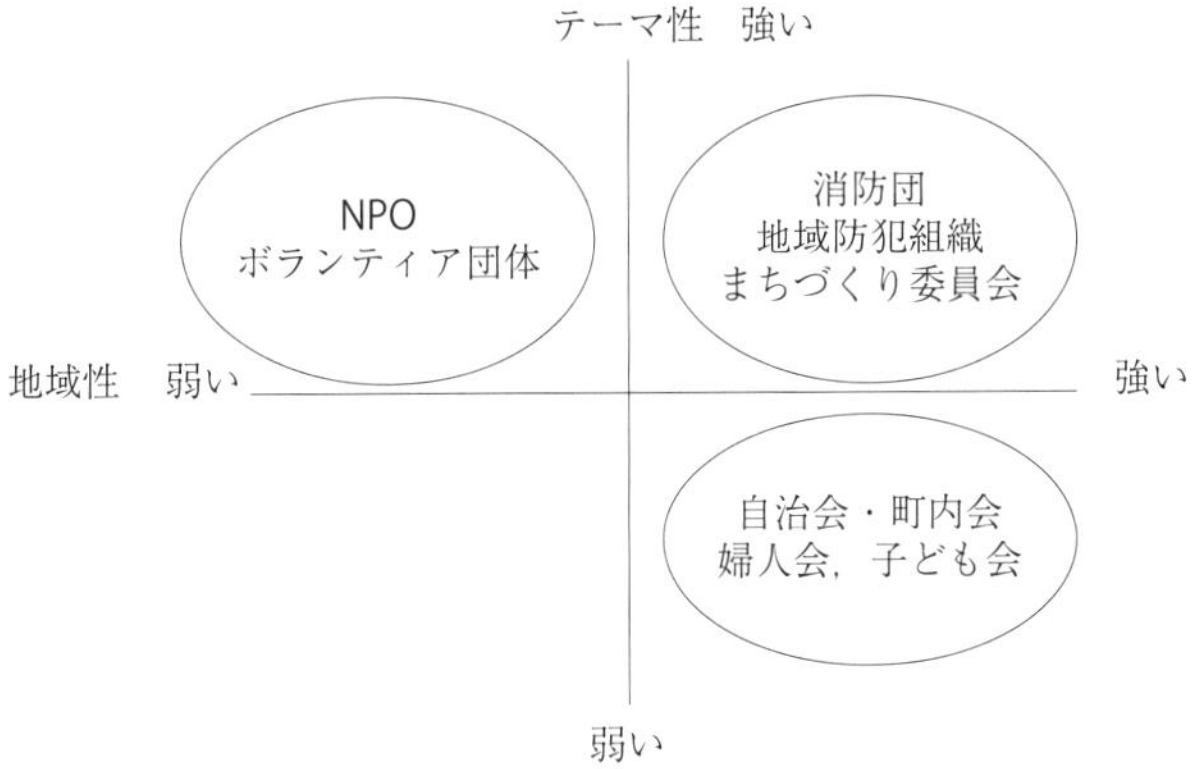

コミュニティに対する法の関わり

市民によって任意に組織されるコミュニティに対しては、法の態度・関与は、消極的・謙抑的です。

まず、憲法ですが、歴史的には、憲法は行政権の濫用から国民の権利・自由を守るために制定されてきました。国家からの自由を基本とする近代立憲主義のもとでは、国家は私的自治の世界に介入せず、コミュニティに対しても消極的・謙抑的に対応することになります。

その典型例が憲法八九条で、そこには「公金その他の公の財産は、……公の支配に属しない慈善、教育若しくは博愛の事業に対し、これを支出し、又はその利用に供してはならない」と規定されています。この文理から見ると、政府とは独立して、自由に活動するコミュニティに公金を支出すること（財産を貸したりすることも）は許されず、憲法違反ということになってしまいます。もちろん、これには実質的妥当性がないことから、公の支配を無理に解釈して（学校教育法等の認可等の関与程度でも支配があるとします。緩和説）、公金の支出を適法化していますが、それがむしろ問題点を潜在化させ、複雑化させてしまうことになっています。

法律についても、当然のことながら、コミュニティにふれている法律は、きわめて限られています。

法令検索システムで、「地縁による団体」で検索すると、ヒットする法律は、地方自治法のほか、住生活基本法、地方税法、保険業法のみです（なお、地域コミュニティや自治会、町内会という用語を使う法律はありません）。

このうち地方自治法の地縁団体に関する規定は、二六〇条の二から二六〇条の三九まで詳細にわたっていますが、内容は、首長の認可を受けて法人格を取得し、団体名義で不動産登記等を行うことができるという規定です。これは、平成三年の地方自治法改正で規定されたもので、それまで、地縁団体は、法的には、権利能力のない任意の団体として位置づけられたため、団体の名義で不動産の登記等はできず、そのため、町内会館等の登記は、代表者の名義でせざるをえませんでした。そこから、さまざまなトラブルや手数（名義人の死亡などの場合は名義の変更が必要）が発生したので実態に合わせようとした規定です。他方、住所以外の特定の条件を要する団体（老人会や子ども会（年齢制限）、婦人会（性別の制限））は、地方自治法の範囲外です。

他方、テーマコミュニティを対象とするのがＮＰＯ法（特定非営利活動促進法）です。こちらも「この法律は、特定非営利活動を行う団体に法人格を付与すること等により、ボランティア活動をはじめとする市民が行う自由な社会貢献活動としての特定非営利活動の健全な発展を促進し、もって公益の増進に寄与すること」（第一条）が目的とされています。全五〇条のほとんどが、法人の設立や管理・運営、監督に関する技術的・手続的な規定で占められていて、特定非営利活動促進法というよりは、法人格付与法というべき内容となっています。

いずれの場合も、現行法は、コミュニティそのものには踏み込まず、法人格を付与する道を開いて、間接的にコミュニティ活動を促進するという内容になっています。コミュニティの役割の大きさに比べて、地方自治法等の法律上の取り扱いは、限定的で拍子抜けするものです。

なお、平成一六年の法改正で創設された地域自治区の制度は、本来の意義は、行政の下部組織という位置づけですが、地域自治区を運営する地域協議会は、住民自治を強化するという理念を内包しており、運用の仕方によっては、コミュニティを活性化する制度となりうる可能性を秘めています。

コミュニティを公共主体として位置づける

地域コミュニティには、①親睦、②地域環境維持、③地域課題解決、④行政補完機能、⑤地域自治等の諸機能があります。法制度としてはきちんと明定されていませんが、これら地域福祉機能や行政補完機能が、私たちの豊かな市民生活を支えてきました。すでに見たように、わが国の低い国民負担率と事実上の高福祉サービスのギャップを埋めているものの一つが、地域コミュニティ（地域福祉機能）です。

地域コミュニティは、市民生活を豊かにするという機能を果たしていますが、東日本大震災では、地域コミュニティの有無や活発度が、住民の生死を分ける場面が、あちこちで現出しました。しかし、自治会・町内会の加入率が全国的に低減傾向となり、近年では、その機能の弱まりが目立ちます。要するに、地域コミュニティを法的制度の埒外に置いて、事実上、公共機能を分任させることの限界が見えてきたと言えます。

地域コミュニティを法制度に位置づけるにあたって、理論的根拠となるのが、新しい公共論です。新しい公共論に立つと、地域コミュニティは、行政の下請けとして、行政が意向を忠実に実行する組織ではなく、地域の公共主体として、地域課題解決のための政策を企画・立案し、地域福祉の実現に主体的に取り組む組織になってきます。

むろん地域コミュニティに対する法的対応をどのように考えるかは、自治体ごとの議論に委ねられますが、その際には、地域コミュニティの公共性の向上（地域課題に対する政策提案、政策決定過程への積極的参加）、市民性の向上（行政依存からの脱却、自立・自律、自己責任・自己決定）、民主性の向上（運営ルールの透明化、情報公開、説明責任の充足、評価システムの構築）を中心に議論を積み重ねてほしいと思います。

地域コミュニティの縦割りを直そう

国、県、市町村という縦割りは、実は、その下に地域コミュニティにも連なっています。それぞれの団体は、行政担当課に所管され、系列化され、それが補助金によってさらに強化されています。この縦型のシステムは、それぞれが専門とする地域課題に取り組むという意味では有効な方法でしたが、新しい地域課題や隙間の課題に十分対応できません。ちょうど行政の縦系列のシステムが時代に対応できず、地方分権というかたちで、分解、再編成されたのと同じ構造です。

新たな課題に対処するためにつくられた地域団体も、一定の時がたつと、現状維持的になります。補助金額も既得権的に一定額になり、それでは新たな大きな事業をするには足りず、何もしないでいると、むしろ年度末にお金が余ってしまうということになりました。そこで、あまり必要ではないが、予算消化のために備品を購入してしまおうということが起こっています。これはまるでかつての行政の姿です。

そこで、行政のイニシアティブで、事業も予算も決定する方式から、地域の実情に応じて事業を決め、予算を配分したほうが好ましいということになります。地域団体の地方分権です。現在、全国で、地域団体が、地域ニーズに応じた事業を決定し、予算を柔軟に、横断的に使う方式が模索されています。

その前提条件となるのが、地域内での話し合いができる仕組みです。地域における重要な課題が何かを話し合い、どの課題にどれくらいの予算を配分するかなどを地域内で調整をする仕組みです。地域協議会的な組織が目標ですが、最初は、ラウンドテーブルをつくり、ここに自治会やＮＰＯ、さらには個人が集まって話をするような、地域協働組織の受け皿的なものから始めるのがよいと思います。

職員は地域に出よう

地域の自立とは、地域に丸投げして、行政は手を引くということではありません。むしろ、地域の力を大いに引き出すという観点からの積極的な関与が必要です。職員は積極的に地域に関わることが求められます。

全国で地区担当制度が採用されています。この地域を支援する職員の配置については、専任か併任か、地域に住んでいる職員のほうが好ましいのかなどさまざまな論点があり、全国で試行錯誤が行われています。地域の事情がよく理解できるというのもメリットですし、やる気と意欲があるというのも重要な要素です。一律の答えはなく、地域の実情に合わせて、そのバランスを取っていくことだと思います。地域からの推薦で、配置する職員を選出する仕組みなども一案です。

この職員は、地域と行政とのパイプ役となることはもちろん重要ですが、地域の要望を聞いて持ち帰るだけでは住民の主体的な活動の支援はできません。地区担当職員には、地域の力を引き出す能力が期待されます。地域を育てるという観点と地域に学び行政職員として成長していくという観点が求められます。

7　財政課を見直そう

情報共有の試み

予算、財政分野では、市民に対する情報公開は、急速に進みました。自治体を取り巻く財政状況は厳しく、これまでのやり方を変えるしかないという切迫した事情があるということです。

予算、決算の状況を市民に分かりやすく公開・提供するため、言葉・表現方法を工夫する、インターネットを使って、自由に検索できるようにするなどの試みが行われています。その際には、行政側に不都合と思われる情報であっても、広く公開することも重要です。こうした財政状況は、財政担当者だけではなく、職員全員が正しく理解し、市民に明確に説明できるようにしておくことも必要です。

予算、財政状況に関して、市民との情報の共有に先駆的に取り組んだのが北海道ニセコ町です。平成七年から、予算説明書「もっと知りたいことしの仕事」を全戸配布しています。「通常の予算書は『事業名』と『金額』の記載が主になっていて、実際にどのような事業が行なわれるのか、その内容がわかりにくいものです。そこで、少しでも具体的な事業の内容を町民のみなさんにお知らせすることを目的とするものです」、「予算説明書は、その年の目玉事業や主要な施策だけでなく、すべての事業や町の財政状況について掲載しています。つまり、町にとって都合の良いことだけでなく、悪い部分も隠さずお知らせしています」としています。

なお、財務情報の公開と説明責任を徹底するために、バランスシートの導入や自治体公会計制度の整備が必要になってきます。

予算編成過程の公開と市民参加

予算編成過程は内部管理的で技術的な要素が強いため、市民参加が難しい分野だと考えられてきました。しかし、近年では、予算編成システムに市民が関与する試みが行われています。もともと予算獲得は、限られた財源の獲得順位を争うシステムですが、これを担当課、財政課の裁量に委ねるシステムでは、もはや限界だからです。

予算編成過程を広く市民に公開することに積極的に取り組んだのが、千葉県我孫子市です。予算案（査定結果）の公開にとどまらず、予算要求段階から公開するもので、新規事業項目ごと要求内容や評価、予算要求が、どのように査定されたか（額、理由）が時系列で分かるようになっています。要求から決定まで五回、市民が意見を言う機会（パブリックコメント）も保障され、

図11　平成24年度予算の編成プロセス（我孫子市）

第１回	12月12日	各部署から要求された全ての新規事業の一覧表（163事業の概要や予算要求額など。各事業の優先度を４段階に分類）
第２回	12月26日	事業の優先度を精査した一覧表（事業の優先度や予算要求額をさらに絞り込む）
第３回	平成24年1月17日	事業採択案の一覧表
第４回	2月1日	事業採択の一覧表（最終結果）および意見募集の結果
第５回	3月9日	事業採択した事業の事務事業評価表（事業内容の詳細が記載されている表）

それに対する市の見解も示されます。

市民の公共的活動を支援する制度

公共の担い手である市民の活動を財政面から支援する制度が開発されています。

一％制度は、市民が支払った税金の一％を自分が応援したい市民活動団体等が行う事業に使うように指示・指定できる制度です。その意味で、使途指定制度とも言えますし、また選択を投票と考えれば市民投票制度の一種とも言うこともできます。

一％制度のねらいは、市民活動団体等の支援ですが、評価すべき点は、市民が市民の活動を支えるという点です。

図12　一宮市・市民が選ぶ市民活動支援制度（１％制度）

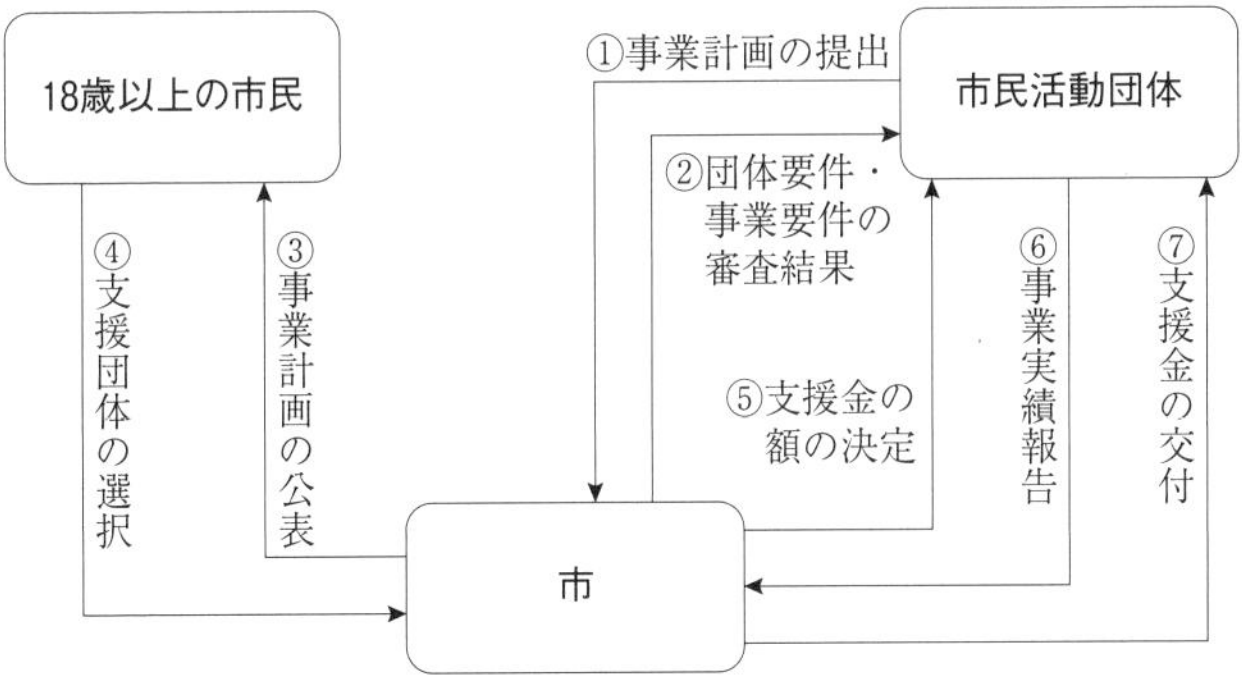

本来、市民による公共活動は、市民全体で支えていくのが最も望ましいことですが、現実はそこまでには至っていません。その分、行政による支援が大きな比重を占めていますが、行政が財政的な支援すると、どうしても、交付する側と交付を受ける側という力関係のようなものが生じがちで、支援を受ける市民活動は、行政の下請けとなってしまうおそれがあります。その点、行政が直接支援するのではなく、市民が支援する一％制度は、こうした心配がありません。

また、市民による自主的・自律的なまちづくりを行うために、地域団体からの予算要求に基づいて、各地域に一定の金額を交付するシステムも試みられています。越前市自治振興交付金は、地区の市民等により組織された自治振興会に対して交付金を配布することで、身近な課題は地域で解決できる能力を高めるようとするものです。一つの自治振興会に対する交付金の交付割合は、当該自治振興会が行う事業費の総額の八〇％以内とされています。

財政基本条例の展望

自治体の財政運営を自立性、公開性、効率性、健全性等の観点から見直し、その全体像を示すのが財政基本条例です。

そもそも地域において、市民が自分たちで考え決定するためには、財政の裏づけが必要です。どのくらい財源があり、あるいは逼迫しているかを知ることで適切な政策判断ができます。それを怠ったために、自治体破綻を招いたのが夕張市です。夕張市は、不適正な財政処理の結果、財政規模の八倍という負債を負うことになりました。むろん直接の当事者としての市長や職員、議会、監査委員、銀行等に第一義的な責任がありますが、市民においても、お任せ民主主義による他人任せのツケが、結局、市民に戻ってきたということです。

財政基本条例は、住みよいまちにするには、財政はその手段であり、関係者の適切なコントロールとその潜在能力を存分に活かすという理念でつくる必要があります。

条例の基本的な理念としては、

・限られた財源を有効に使う――市民が我慢するものも出てきます。
・身の丈にあった財政運営――次の世代のことも考える。
・自分たちで考える財政運営――他人任せではなく。受益と責任は自分たちで。
・計画との連動――市民生活が実際によくなることが大事です。計画とは作文をすることではありません。
・市民がその力を存分に発揮できる財政システム――市民活力を削がない、応援するという視点が重要です。
・自治体の自主性――国が定めたルールに従っていればよいというものではありません。指示待ちではなくということです。

こうした理念を担保する仕組みと手続きとしては、
・情報公開――対象は、財政見通し、予算査定資料、バランスシート、施策別行政コスト計算、決算書等で、その公開にあたっては、市民の分かりやすさが大事です（ニセコ町の予算説明書など）。
・参加の仕組み――民主的統制と市民が知恵を出す仕組みです。多様な参加の機会の保障や重要事項への住民意思把握等があります。

・説明責任――さまざまな機会をとらえて説明します。分かりやすさがポイントです。
・市民利便性――財政システムが市民活動（経済活動も含む）の活発化を妨げていないか。
等を規定すべきでしょう。

8　すべての課で見直そう

市民との連携、協力が自治の基本

行政活動の本質は、講学上は行政行為論で説明されています。行政行為とは、行政庁が、法律に基づき、一方的に、市民の法的地位を具体的に決定する行為です。税金の賦課徴収、営業の許可などが自治体の仕事の代表とされ、ここから行政を律する理論が組み立てられています。つまり、行政は権力の濫用者であり、その行政から、市民の権利を守ることを基本に組み立てられているのです。

たしかに、機関委任事務があり、自治体がいわば国の手足のような存在ならば、自治体の活動を行政行為論で律することも理解できますが、分権・協働時代にあって自治体の自主性・自立性や市民との連携・協力が強調されてくると、従来の行政行為論は当てはまらなくなります。実際にも自治体の仕事は非権力的で市民を誘導・支援するものが増えています。また典型的な行政行為とされる税の賦課についても、実際の運用は、決して権力的に行われる訳ではありません。

なお、近年、地方政府論が喧伝されますが、主権という概念が当てはまらない地方の場合、国とは、行政活動の基本が大きく違います。国では権力的な行政活動が中心でも、自治体では、市民の活動を誘導・支援する協働型の行政活動が中心です。国を中心に考えられた理論に安易に追従するのではなく、地方の実情を踏まえて、地方にふさわしい理論を組み立てていくべきです。それが新しい公共論です。

国と違って、権限や資源が乏しい自治体が、その唯一の強みを発揮できるのは、市民と連携・協力できた時です。市民が後ろにいる政策は、法律の形式的文言を乗り越える強い正当性を持ちますが、市民と背理した政策は、たとえ法律に適っていても正当性を持ちません。こうした市民との連携・協力は、市民と離れた位置にいる国にはできないことで、自治体は、この有利な条件を大いに活かさなければいけないでしょう。

市民のほうでも、民間企業や役所で専門的知識を体得した人がまちづくりに参加し始めています。行政と市民との連携、協力の条件は整ってきています。

成功体験を重ねよう

協働は、すべての職員にとって、今までの仕事のやり方を見直すきっかけになります。市民がその力を存分に発揮できるように、これまでの仕事ぶりを大転換するわけですが、しかし言葉で言うほど簡単でないことも、よく分かります。

こうした壁を突き崩すには、まず、成功体験を積み重ねることです。やってみたらうまくいったという成功体験が、自信につながります。そのためには、成功体験を共有する機会をつくっていくべきです。小さな成功体験が、波及して広がっていけば、それが面になっていきます。反面、大きな失敗しないことも大事で、だから、無理をせずに、ちょっと頑張る程度から始めるのがよいと思います。最初は、協働の土壌づくりから、協働が大地に根づくように、大らかに始めたらよいでしょう。

また、職員一人ひとりが、協働とは何かを市民に分かりやすく語れるたとえ話を持っていることも大切です。マイたとえ話で、私のそれは、「九人で野球をやろう」です。独りよがりの難しいことを言っても、市民は共感を持ってくれませんから、こういったマイたとえ話を使い、大いに市民に語りかけてほしいと思います。マイたとえ話ができるほど、協働を自分なりに噛み砕いてほしいと思います。

協働担当はどこに所属すべきか

協働担当は、大別して、①地域振興部・市民生活部、②総務部や企画・政策部に所属しています。

地域振興部や市民生活部では、身近なまちづくりの一環として、協働を考えます。同じ部や課に自治会担当があり、あるいは協働担当が自治会も担当するというところが多く、いわば地域におけるまちづくり、自治振興の延長線で協働担当があるということになります。

後者の場合は、理由はさまざまです。どこにも当てはまらないという消極的理由から総務に位置づけたという自治体がある一方、協働を基本とした自治経営あるいは政策づくりを行うという積極的な意味から企画・政策部の中で位置づけるという自治体もあります。

どのように考えるべきかですが、これは、協働とは何かという点に関連します。

協働を役所と市民団体が一緒に汗を流すことに限定すると、地域振興部がふさわしいということになるでしょう。地域で、現場で、市民団体と顔を合わせ、まさに汗を流すことになります。

協働を行政と並んで市民も公共を担うことであると考えると、現場で一緒に汗を流すこともありますが、主たる役割は、協働を新たな自治経営のパラダイムとして位置づけ、自治の再構築を模索することになります。この立場では、協働は企画・政策部門に位置づけることが好ましいことなるでしょう。

総務部や企画・政策部にある場合は、協働の意義を全課・全係に周知、徹底することが、協働担当の役割となります。これにはなぜ協働をするのか、あるいは協働とは何かを簡潔明瞭に説明できることが求められてきます。私は、「野球は九人でやろう」、「行政と市民の両輪によるまちづくり」などを言っていますが、こうしたキャッチフレーズを考えるのが、おそらく最初の仕事でしょう。

Ⅲ　協働で自治が変わる

1　自治経営のパラダイムとしての協働

役所が変われば市民も変わる

政策づくりや市民協働において、役所はきわめて大きい存在です。それは、市民と比較して、大きな権限や資源（人・もの・情報・金）を持っているからです。役所に対する信頼感も大きいものがあります。さまざまな批判がありますが、市民にとっては、役所は頼りになる存在です。その役所が真剣になると、それが市民に伝播していきます。個々の職員の頑張りが、一人ひとりの市民にも伝播するのです。役所が変わると市民も変わります。

市民主体というと、市民に任せて行政は手を出さないことと誤解されています。むろん、過度な干渉は市民の自立を妨げますが、自立を意識するあまり、市民から距離を取りすぎると、市民は突き放されたと感じます。役所は、逃げるのではないかと疑心暗鬼になれば、市民は、とたんにしらけます。

横浜市で、ごみ減量三〇％を目指すG30が、目標を大きく超えて成功したのは、行政の強い意気込みと地道な実践が、市民に見えたからです。行政の本気さが、市民に伝播し、市民一人ひとりが安心して、ごみの減量・リサイクルに取り組めるようになったためです。

役所の支援というと、補助や委託を思い浮かべますが、むしろ、こうした断固たる決意、逃げない姿勢こそが、役所ならではの支援の基本です。

ソーシャル・キャピタル、信頼の重要性

ソーシャル・キャピタル（社会資本）とは、信頼、協力といった無形の価値も社会における重要な資本という考え方です。互いに信頼、尊重、人と人との交流がある社会は、効率的だという考え方ですが、たしかに信頼があれば、無用な保険をかける必要もなく、協力し合って、目的を達成することが可能だからです。ソーシャル・キャピタルは、アメリカの政治学者ロバート・パ

ットナムが、イタリア研究の成果として首唱しましたが、協働型社会である日本のほうが、むしろより当てはまります。

新城市における体験

信頼をめぐっては、象徴的な体験があります。愛知県新城市では、穂積亮次市長の明確な方針のもと、自治基本条例がつくられていますが、ある時、その勉強会の席で、私は市民から次のような質問を受けました。「先生、うちのまちはどんなふうに進むべきでしょうか」。私が戸惑っていると、担当職員が、「○○さん、新城市の将来のことを神奈川から来た松下さんに聞くのですか。自分たちで考えることではないですか」と言ったのです。他の市民も、「そうだ」と、うなずきましたが、私も同感です。

役所の職員が、市民に対して、そこまで言えるのは、一緒に条例をつくってきたという信頼関係ゆえですが、こうした信頼関係をつくっていくのが、これからの地方自治の方向性です。結局、自治の難局では、こうした信頼が一番効いてくるからです。

2 議会が変われば市民も変わる

地方議会・議員への評価

調査によると、議員の多くは、自分たちは市民に役立つ仕事をしていると考えています。よくやっていると思っているのです。ところが、市民の多くは、議員の仕事ぶりについて不満を持っています。議員は市民の役に立つ仕事をしていないと多くの市民が感じているのです。両者の間に大きな溝があり、最近では、この溝がさらに広がっているようにも感じます。これは不幸なことだと思います。

こうした断絶ができる原因は、二つあると考えられます。一つは、実際に議員が市民の期待する仕事をしていない場合です。市民の期待をつかみ損なっている時に起こります。他の一つが、議員の活動が市民に伝わっていない場合です。一生懸命やっているならば、伝える努力をすることが重要です。

いずれにしても、このまま放置しておくと、間接民主制そのものの意義が問われるようになってしまいます。

自治の共同経営者として

地方議会・議員には、執行部の監視機能と政策提案機能の二つの役割があります。このうち、地方自治法が主に想定しているのは、執行機関（市長等）をチェックする機能です。しばしば地方議員を会社の監査役になぞらえることがありますが、たしかに現行制度を素直に読むと、地方議会・議員の主たる役割は、監視機能です。しかし、この議論を強調すると、議員は三人でよいというところまで押し込まれてしまいます。監査役は三人いれば十分だからです。

しかし、地方自治の二元代表制とは、住民を代表している長と議員が、両者の緊張関係の中、政策競争を行うシステムです。首長と議員・議会の間で、どちらの主張・行動が、より市民ニーズを体現しているかを争うことで、市民にとって、よりよい政策を実現しようとするものです。これは、議会・議員を単なるチェック役とするのではなく、自治の共同経営者とする発想です。地方自治を取り巻く状況が厳しい中では、自治の経営者という視点は、ますます重要性を増してくると思われます。

市民を励ます機関としての議会

「地方自治は民主主義の学校」（J・ブライス）と言われます。これは市民自身が、身近なまちの課題に対し、自律的に関与し、公共的な態度で臨むという実践を重ねることで、民主主義を自分たちのものとすることができるからです。この民主主義の学校において、議員の役割は重要です。

議会は多数の議員で構成されており、多元的価値を体現できる点が、執行機関にはできない強みです。この強みを活かして、特に期待されるのが、民主主義の学校である地方自治を市民が実践で学ぶ機会をつくる機能です。議員が地域課題を踏まえて争点、対立軸を示す中で、市民自身が、自ら考え、判断する機会をつくることです。「民意をつくり出す役割」ですが、それによって、民主主義の担い手である市民を鍛えることができるからです。

やってみよう、市民とのワークショップ

法が定めている議会に対する市民参加制度はきわめて限定的です。

公聴会を開催して、利害関係者、学識経験者から意見を聴取することや調査・審査のために必要ならば、参考人の出頭を求めることができることですが、現状の市民参加の仕組みは、議会側

が必要と感じた時の参加にとどまっています。

ところが、同じ住民代表で、政策競争の相手方である首長が、市民参加を精力的に行っています。もう一方の住民代表である議会も負けずに民意の掌握に努めるべきであると考えると、議会・議員についても、市民参加を積極的に進めていくべきでしょう。執行部においては、ワークショップの手法は、一般的になりました。ワークショップは、実質的な市民参加を進める有効な手法です。議員についても、大いに学んでほしいと思います。

3　新地方自治法の設計思想

地方自治法の考え方と特徴

地方自治法は、地方自治に関する基本法とされ、本則だけでも四〇〇条近い条文を持っています。第一条の目的を見ると、地方公共団体の区分、その組織や運営に関する事項の大綱を定め、国と地方公共団体との間の基本的関係を確立することにしています。それによって、民主的・能率的な行政の確保を図り、地方公共団体の健全な発達を保障することを目指す法律です（第一条）。

このように、地方自治法に書かれているのは、地方公共団体（役所や議会）に関する事項で、地方自治（地域の課題を解決して、住民が幸せに暮らす）全体のうちの一部のみです。実際、役所や議会の組織や運営に関する事項は、箸の上げ下げに至るまで詳細に書いてある反面、住民に関する記述はきわめて乏しく、協働の関する規定などは皆無です。これは、地方自治法が制定されたのが一九四七年（昭和二二年）で、地方分権はるか以前だからです。正確には、地方自治法と言うよりも、「地方公共団体法」と言うべき内容です。

その地方自治法も、一九九九年（平成一一年）には、地方分権改革に伴って大改正され、「新地方自治法」などと呼ばれることもありますが、やや大げさに過ぎます。

地方自治から憲法秩序を再構築する

憲法秩序は公私を峻別する二分論に立っています。歴史的に見ても、また国の場合には主権論がついて回るため、二分論はよく理解できるところですが、地域の課題を解決して、住民が幸せに暮らせるようにすることを目的とする地方自治の場合は、国とは違う対応が可能です。すでに述べたように、公共は政府だけではなくて民間も担うというのが協働論の本質です。

憲法の目標は、個人の尊重＝個人が大事にされる社会の実現です（一三条）。個人が尊重される社会は、国家からの自由だけでは実現しません。つまり、自分が尊重（大事に）されるということは、他人も自分を尊重（大事に）してくれるということであり、それは自分も他人を尊重（大事に）するということが前提です。つまり市民間で、他者を尊重（大事に）し合う社会をつくっていくことが、憲法の理念でもあり、地域課題を解決して、住民が幸せに暮らせることを目指す地方自治の重要な役割です。地方自治の場合は、従来の立憲主義の枠で考える必要はなく、地方政府による侵害から市民の権利を守ることだけにとどまらず、市民の活動を励まし、育んでいくという発想でとらえ直す必要があります。

こうした考え方は、近代立憲主義の本質を変質させるのではないかという危惧も理解できないわけではありませんが、二一世紀の今日、一八世紀の発想にとどまっていては、個人が尊重される社会は実現できません。民主主義の学校である地方自治では、試行錯誤も含めて、さまざまなトライアルがあってよいように思います。

市民をきちんと位置づける

新地方自治法をつくる際に最も注力すべきは、住民の位置づけです。まさに住民自治の主体たるにふさわしい位置づけ、記述が求められます。

現地方自治法で、住民が主語の条文はきわめて限られています。まず、一〇条から一三条に住民が主語の条文がありますが、大半は、住民の直接請求、リコールの規定です。そこに出てくる住民は、役所に請求する、要求する住民です。次に、二四二条と二四二条の二にも住民が主語の規定がありますが、これは住民の監査請求、住民訴訟です。役所の間違いを正すために監査請求する、あるいは裁判所に訴えるという規定です。四〇〇条近くもある地方自治法には、住民が主語の規定はこれしかないのです。

これは現実の市民像と大きく乖離しています。地域で活躍している住民は、請求し、監査を求める住民でしょうか。多くの住民は、自治会、町内会で、黙々と、子どもの見回り活動、福祉活動等をしている住民です。保護司や民生委員で活動している住民もたくさんいます。役所に要求し、役所を裁判所に訴える住民ではなく、地域でまちのために活動している住民が数多くいるのです。ところが、地方自治の基本法には、そういう住民はまったく出てこないのです。こうした住民をきちんと法に位置づけるべきです。

また、自治会、町内会ですが、地方自治法には関連条文もありますが、内容は、要するに町内会館を持ちたい自治会、町内会は法人格を取れるという条文です。それだけではなくて、自治会、町内会が行っている活動を素直に認めて、さらに後押しする規定が必要です。

協働の観点から新地方自治法を設計すべきだと思います。

新地方自治法を考えるヒント

ついでに、新地方自治法を考える際のポイントを書いておきます。

憲法は二元代表制を前提としているので、当面は、この枠の中で考えていくことになりますが、地方自治体（行政、議会）の組織や運営の仕組みは、地方の実情に応じたものとなるように、自由度の高いものとすべきです。ただ、まったく自由に考えるというのも難しいので、いくつかの選択肢を用意するのが現実的でしょう。

最大の論点は、議会・議員です。出発点は、議会は、チェック機関なのか、共同経営者なのかです。私は、議員は自治の共同経営者たるべきと考えています。議員については、ボランティア議員も選べるくらいの自由度は許容してほしいと思います。議会の組織、運営、議員の選出なども重要な論点ですが、二元代表制のもとでは、議会と執行部の相互の質問権、両者が対立した時の解決方法などにも、選択肢を示しておくべきでしょう。

住民の主体性を許容する仕組みが、新地方自治法の特色になります。自治体の運営（財務なども）はもちろん、自治経営そのものまで含めて考える必要があります。住民の主体性というと住民投票になりがちですが、むしろそこに至るまでの多様な参加の手法が重要です。熟議の市民参加方式です。ちなみに住民投票は、いわば知恵が出なくなった時の最終手段です。住民投票の最大の問題点は、だれでも参加できるという参加の民主性はありますが、最後は数の論理で、少数者をねじ伏せる点です。決定の権力性が問題です。

住民をめぐっては、地域コミュニティやＮＰＯ、外国人のほか、居住はしていないけれども、その地域で活動している市民、団体等についても、位置づけや役割が重要になってきます。

財政調整制度は、新地方自治法にきちんと書くべきです。地方分権は、一歩誤ると、豊かなところはどこまでも豊かに、貧しいところは貧しいままでという弱肉強食の世界に短絡してしまう可能性を持っています。日本全体を豊かな国にするには、財政調整制度が必要ですが、これを国の差配によらず、地方の自律性で行う必要があります。地方分権が本物かどうかは、この自律的な財政調整制度ができるかどうかにかかっています。

4　自治基本条例の意義

二つの系譜

自治基本条例は、すでに全国で二〇〇以上の自治体で制定されていますが、自治基本条例とは何かをめぐって、二つの系譜があります。

一つは、ニセコ町まちづくり基本条例を嚆矢とするもので、近代立憲主義を自治体に当てはめて、行政や議会を民主的に統制しようとするものです。自治体政府を市民の政府とすることを主眼とする条例で、この立場では、自治基本条例はまさに「自治体の憲法」と言えます。ただし、この自治体の憲法という表現は、やや誇大広告です。つまり、条例は法律の範囲内（憲法九四条）で制定できますが、日本では法律の規律密度が濃いために、自治体の憲法にふさわしい内容のものをつくれていないからです。なお、この立場からは、私的な世界であるコミュニティに条例が踏み込むのはふさわしくないとされます。これまで制定された多くの自治基本条例が、このニセコ町の条例の考え方を踏襲してつくられています。

これに対して、最近では、市民一人ひとりの自治やコミュニティに焦点を当てた条例が生まれ始めています（小田原市自治基本条例）。これは政府（行政、議会）と市民が両輪となって公共を担っていくという考え方でつくられています。自治体政府に関して言えば、その民主的統制も重要ですが、市民・コミュニティがその力を存分に発揮するために、自治体政府が仕事ぶりを変えていくという点も重要とされます。協働論の立場からの自治基本条例です。

むろん、私は後者の立場に立っています。そうでないと自治は、その目的を達成できないからです。

小田原市自治基本条例の意義

自治基本条例は、全国で数多くつくられていますが、小田原市の自治基本条例（提言）は、そのつくり方、内容とも、他とはずいぶんと違うものとなっています。

まず、この提言は、他の自治基本条例を一切見ないでつくり上げました。他の条例の目立つところを寄せ集めるのではなく、小田原のまちが未来に続き、市民の暮らしがより豊かになるために、本当に必要な自治の基本ルールは何かという基本的なところから、自分たちで考えることにしました。

また、広く市民の意見を聞きながら、小田原らしい自治の基本ルールを考えることとしました。

図13　自治基本条例（２つのパターン）

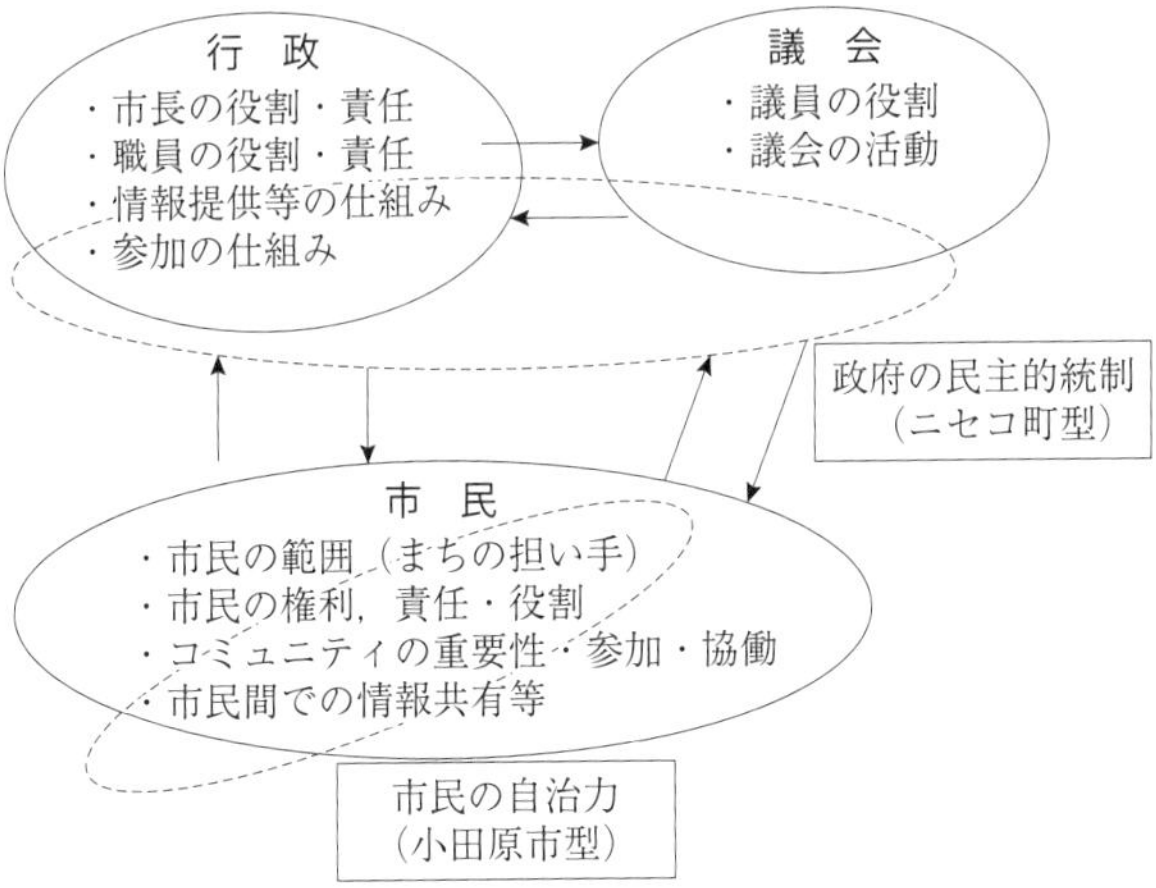

心したのは、参加した市民は、市民代表ではないということです。その分、真摯に市民の声に耳を傾け、市民の思いを代弁するつもりで、まとめ上げるように心がけました。オープンスクエアという小田原方式を編み出し、延べで一二〇〇人以上の市民から意見を聞きました。

内容面では、この提言では、市民自治と協働がキーワードとなって組み立てられています。ここで市民自治とは、市民自らが、まちのことを考え、行動することということです。自治体政府をコントロールすることだけではありません。また、協働とは、行政、議会にだけ公共を委ねるのではなく、市民、自治会・町内会、市民活動団体等も、公共を担っていくということです。これら公共主体が、その力を存分に発揮することができるように、理念や仕組みをたくさん書き込んであります。

自治基本条例のつくり方

このように市民自治や協働を基本とすると自治基本条例のつくり方が変わってきます。野球の九人が力を出し、一緒にまちをつくっていこうというのに、役所だけで条例をつくったら、相変わらず内野任せ、いつまでも「役所がやってくれる」が続いてしまいます。

そこで、自治の当事者たちが、他人任せではなく、自分たちの問題としてまちを考えていけるように、この条例はつくるべきだと思います。

そのヒントを一つ紹介します。市民が主体になって、市民の意見を聞いて回るという方式、市民PI（Public Involvement：パブリック・インボルブメント）です。一般にPIは、行政が市民の意見を聞くものですが、市民PIは市民が市民の意見を聞くものです。

市民が集まって検討会を始めますが、その時の彼らの問題意識は、自分たちは、市民代表ではないということです。市民代表は、あくまでも議員、市長です。自分たちは、まちのために、何かやりたいという熱意はあるが、市民の信託を受けてきたのではない、というところがスタートです。

そこで市民は、考えます。たしかに自分たちは、信託されているわけではないが、みんなの意見を聞いて、それを咀嚼して、みんなの案をつくればいいのではないか。そこで、流山市では、一二四回、市民がまちに出て、市民の話を聞きました。市民委員が、手分けをしてこれをやりました。たくさんの市民の意見を聞いて、自分の思いと混ぜ合わせて、意見をつくります。これで「私の」意見ではなくて、市民全体の意見をつくろうと考えました。

市民の意見を聞くやり方は、いろいろです。例えば、自分の出身母体の人たちの意見を聞く方法でもいいと思います。大事なのは、自治基本条例は、多くの市民の意見を聞きながらつくることが大事です。実は、こうした積み上げは、最後に効いてきます。この点は、実際やってみて、ああ、そういうことだったのかと分かると思います。

おわりに――協働は楽しくやる

なんといっても、「協働は楽しくやる」です。暮らしやすいまちをつくるために協働するのです。それなのに、目を三角にしながら、あるいは疑心暗疑になりながら協働するというのはおかしな話です。もったいないことだと思います。ここでは、私が関わったいくつかの事例を紹介します。

上田市民の取り組み

上田市民が集まって、上田百勇士会というのをつくっています。まちの課題を考え、まちを元気にする実践を行う組織です。ここで自治基本条例の勉強会を始めました。実は、上田市では、市役所が運営する自治基本条例の検討組織がありますが、上田百勇士会のメンバーは、こんな大事なことを検討組織のメンバーだけに委ねるのは申し訳ない、自分たちもその応援をしようと考えたわけです。

協働は楽しく（上田市）

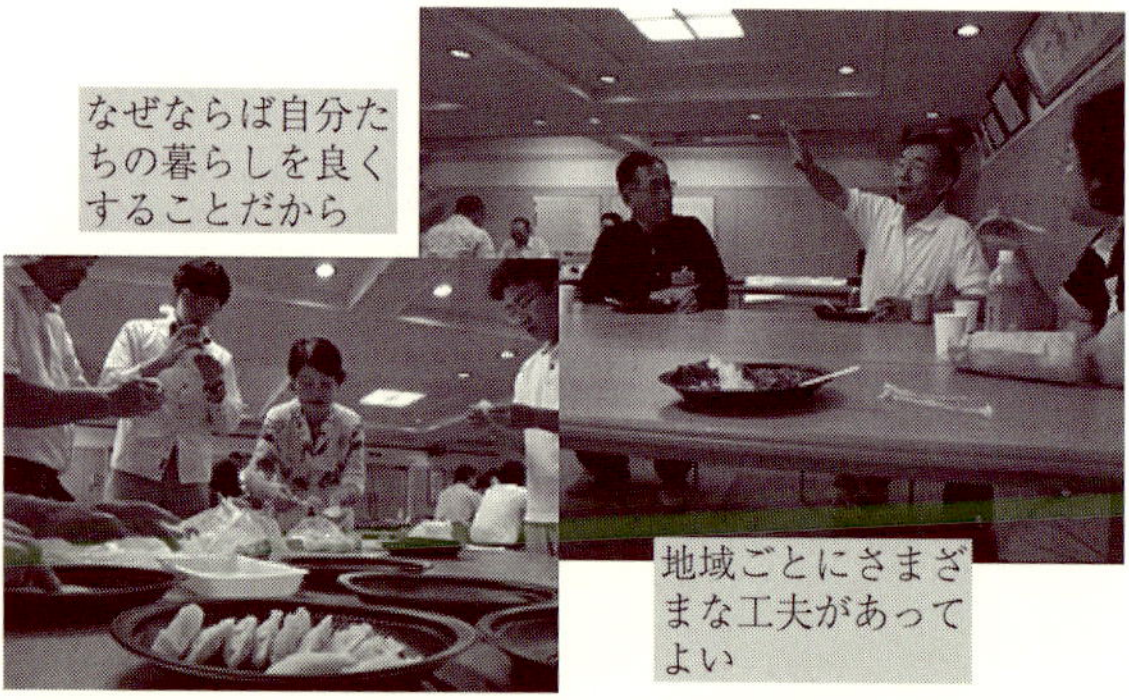
なぜならば自分たちの暮らしを良くすることだから
地域ごとにさまざまな工夫があってよい

そこで、勉強会を始めます。みんな勤め人なので、集まることができるのは日曜日だけです。そこで、朝の一〇時から夜の五時まで、ぶっ通しで勉強会を行います。

お昼は、おにぎりと豚汁（カレーライスと豚汁の時もあります）を食べながら議論です。そして、夕方、議論を終わった後は、今度は、みんなで餃子をつくります。参加者みんなで一緒につくるのです。

サマーウォーズというアニメ映画がありますが、舞台は信州上田です。コンピュータの侵略に、上田の大家族の人たちが、立ち向かっていくという内容ですが、この中で、いよいよ宇宙船が落ちてこようという緊急の時に、みんなで一緒にごはんを食べるのです。

そこから、きているのかどうかはよく分かりませんが、ともかく難しい話をする時は、一緒に食事をするのです。そして、何よりも、一緒にごはんを食べると、みんな仲良くなるのです。まちづくりも楽しくなります。

米子市役所の取り組み

米子市でも、自治基本条例をつくりました。私の講演の前に、市役所の人たちが出て劇をします。テーマは、協働ですが、協働は分かったようで分からない話ですので、広く市民に理解してもらうために、「ああ、そういうことなんだ、当たり前のことなんだ」と理解してもらうための工夫です。

作、出演とも、米子市の職員（協働推進課と秘書課）の人たちです。市長も出演しています。

劇の内容ですが、茶髪の兄ちゃんたちが、公園に

協働は楽しく（米子市）

たむろし、飲んだ缶をポイ捨てしてしまうわけです。この捨てた缶を麦わら帽子をかぶったおじさんが片付けています（これを演じるのが協働推進課の課長です）。おばあさんが、「何故片付けているのか」と聞くと、「この公園が好きなので、たくさんの人に来てもらいたいから片付けているんだよ」と答えます。それを聞いた、おばあさんが、この兄ちゃんたちと話をします。話してみると、兄ちゃんたちは外見は怖そうですが、意外と心やさしいことが分かるのです。そして、兄ちゃんたちは「そうか、俺たち、迷惑をかけているんだ」と気がついて、自分たちも参加して、公園をきれいにし始めます。その輪が広がって、さまざまな人が、みんなで公園をきれいにするという劇です。

そして、最後にみんなで歌を歌います。おばあちゃんは三味線しか弾けません。和尚さんは、お経と木魚しか叩けません。給食のおばちゃんは、しゃもじしか叩けないです。白い犬がいますが、犬はときどき「うおーん」としか吠えられないのです。しかし、それぞれが、自分ができるところを一生懸命にやっていくと、一つの歌になるという劇です。こうした劇をつくって、市民に分かりやすく伝えています。「協働って何か」を市民目線で発信しているのです。

協働は、自治の未来を拓く概念ですが、その実践は容易ではありません。その壁を乗り越えるヒントが、「協働は楽しくやる」にあるように思います。

■著者略歴

松下啓一（まつした　けいいち）

相模女子大学教授（前大阪国際大学教授）。パートナーシップ市民フォーラムさがみはら顧問。専門は現代自治体論（まちづくり，NPO・協働論，政策法務）。中央大学法学部卒業。26年間の横浜市職員時代には，総務・環境・都市計画・経済・水道などの各部局で調査・企画を担当。ことに市民と協働で行ったリサイクル条例策定の経験が，公共主体としてのNPOへの関心につながる。

主要著作

『自治基本条例のつくり方』（ぎょうせい），『協働社会をつくる条例』（ぎょうせい），『新しい公共と自治体』（信山社），『市民活動のための自治体入門』（大阪ボランティア協会），『政策条例のつくりかた』（第一法規），『図解地方自治はやわかり』（学陽書房），『市民協働の考え方・つくり方』（萌書房），『つくろう議員提案の政策条例——自治の共同経営者を目指して——』（萌書房）　ほか

協働が変える役所の仕事・自治の未来〈市民力ライブラリー〉
——市民が存分に力を発揮する社会——

2013年5月31日　初版第1刷発行

著　者　松下啓一

発行者　白石徳浩

発行所　有限会社　萌《きざす》書房

〒630-1242　奈良市大柳生町3619-1
TEL（0742）93-2234 / FAX 93-2235
［URL］http://www3.kcn.ne.jp/~kizasu-s
振替　00940-7-53629

印刷・製本　共同印刷工業・藤沢製本

ISBN978-4-86065-076-6